LIBRO PARA COLOREAR

MANDALAS
para la relajación

LIBRO PARA COLOREAR
MANDALAS
para la relajación

Fascinantes imágenes para borrar tus preocupaciones

Arte-terapia antiestrés

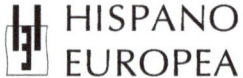

HISPANO
EUROPEA

Título de la edición original:
Mandala Colouring Book

Publicado por primera vez en lengua inglesa por:
Arcturus Publishing Limited
26/27 Bickels Yard, 151–153 Bermondsey Street,
London SE1 3HA

© Arcturus Holdings Limited

© de la edición en castellano, 2017:
Editorial Hispano Europea, S. A.
Passeig del Ferrocarril, 335, 2º2ª
08860 Castelldefels - Barcelona (España).
E-mail: hispanoeuropea@hispanoeuropea.com

© de la traducción: Esther Gil

Depósito Legal: B. 7783-2016

ISBN: 978-84-255-2128-7

Segunda edición

Consulte nuestra web:

www.hispanoeuropea.com

Impreso en España
ARLEQUIN & PIERROT, S.L.
Can Pobla 16, nave 2 (Pol. Ind. Can Roqueta)
08202 Sabadell (Barcelona)

INTRODUCCIÓN

Este precioso libro incluye más de 60 mandalas de varios estilos
y niveles de complejidad para que los puedas personalizar a tu
manera. La palabra mandala proviene del sánscrito antiguo y
significa «círculo», «centro» o «rueda». Se trata de sencillas formas
geométricas que no tienen ni inicio ni fin y pueden advertirse en todos
los aspectos de la vida, desde la forma de un copo de nieve hasta el
sol en el cielo.

Aunque parezca increíble, puedes mejorar tu bienestar coloreando
mandalas. Dentro de sus formas circulares los mandalas concentran
el poder de fomentar la relajación, equilibrar las energías del cuerpo,
mejorar la conciencia de uno mismo e impulsar la creatividad y la
expresión artística. Al centrarte en esta actividad, la mente se calma, la
respiración y el ritmo cardíaco se ralentizan y la tensión arterial baja.

Los beneficios que puedes obtener al colorear mandalas son
extraordinarios. Además, no hay reglas, así que ¡deja que la
imaginación sea tu guía!

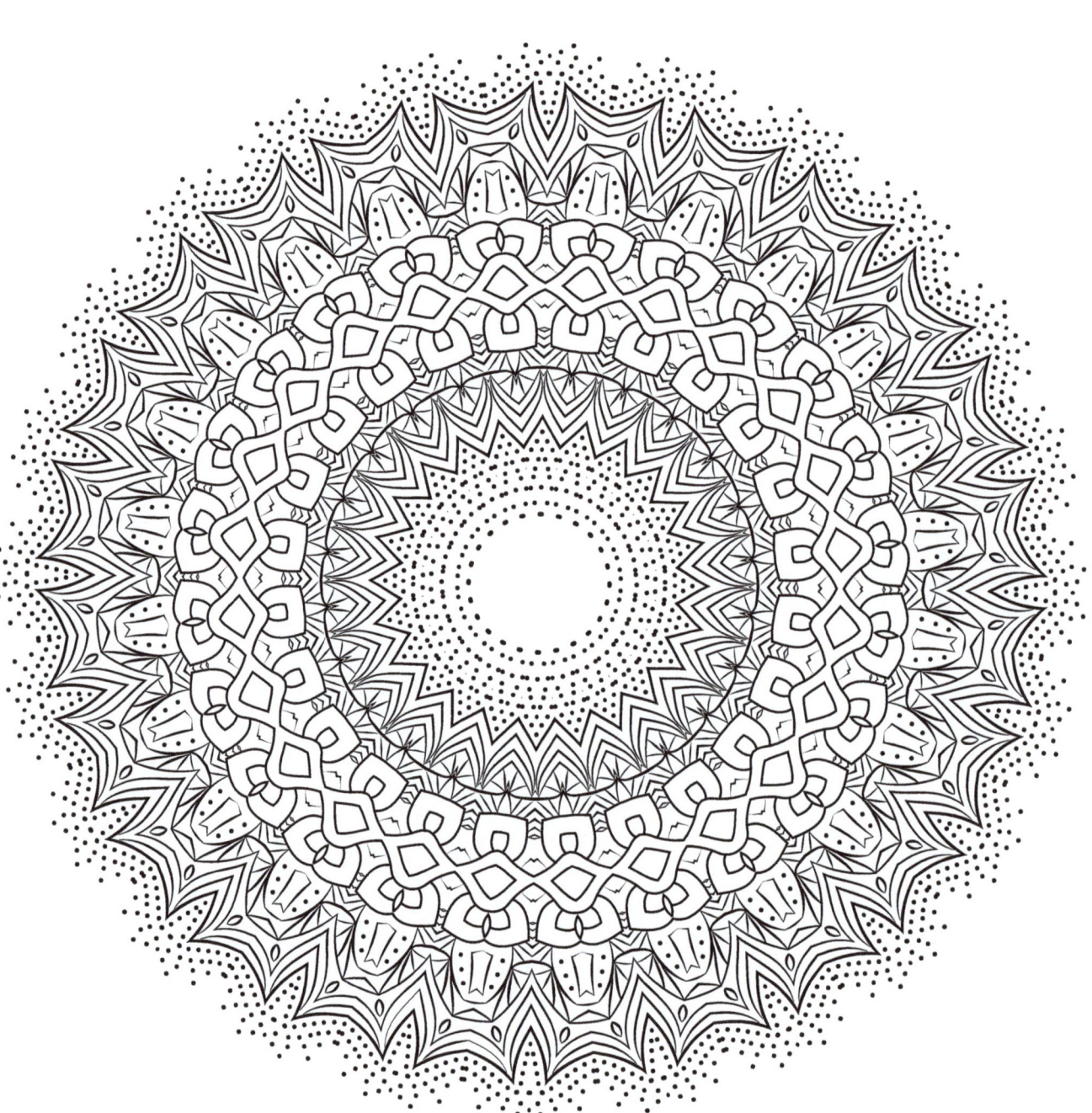

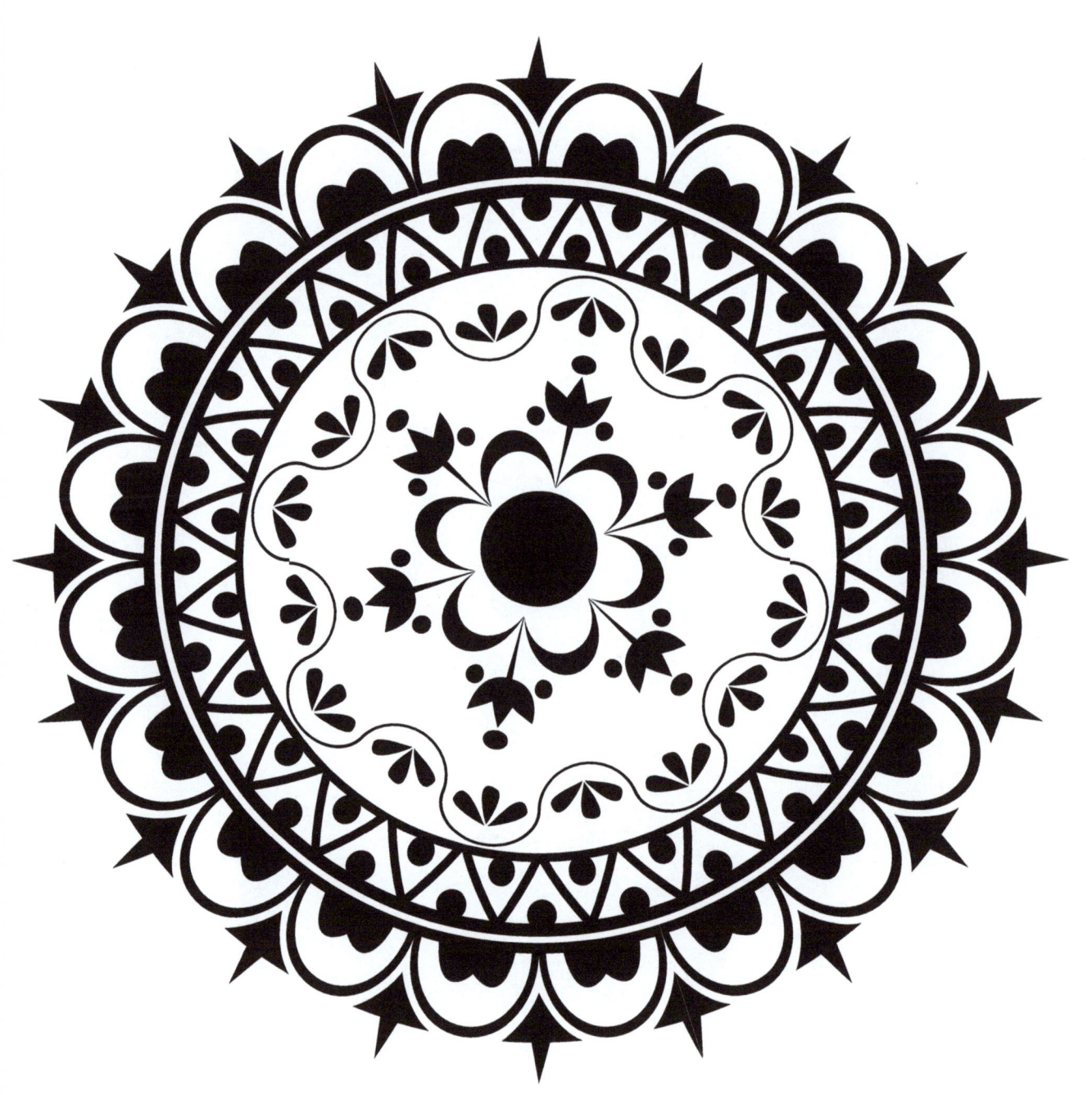

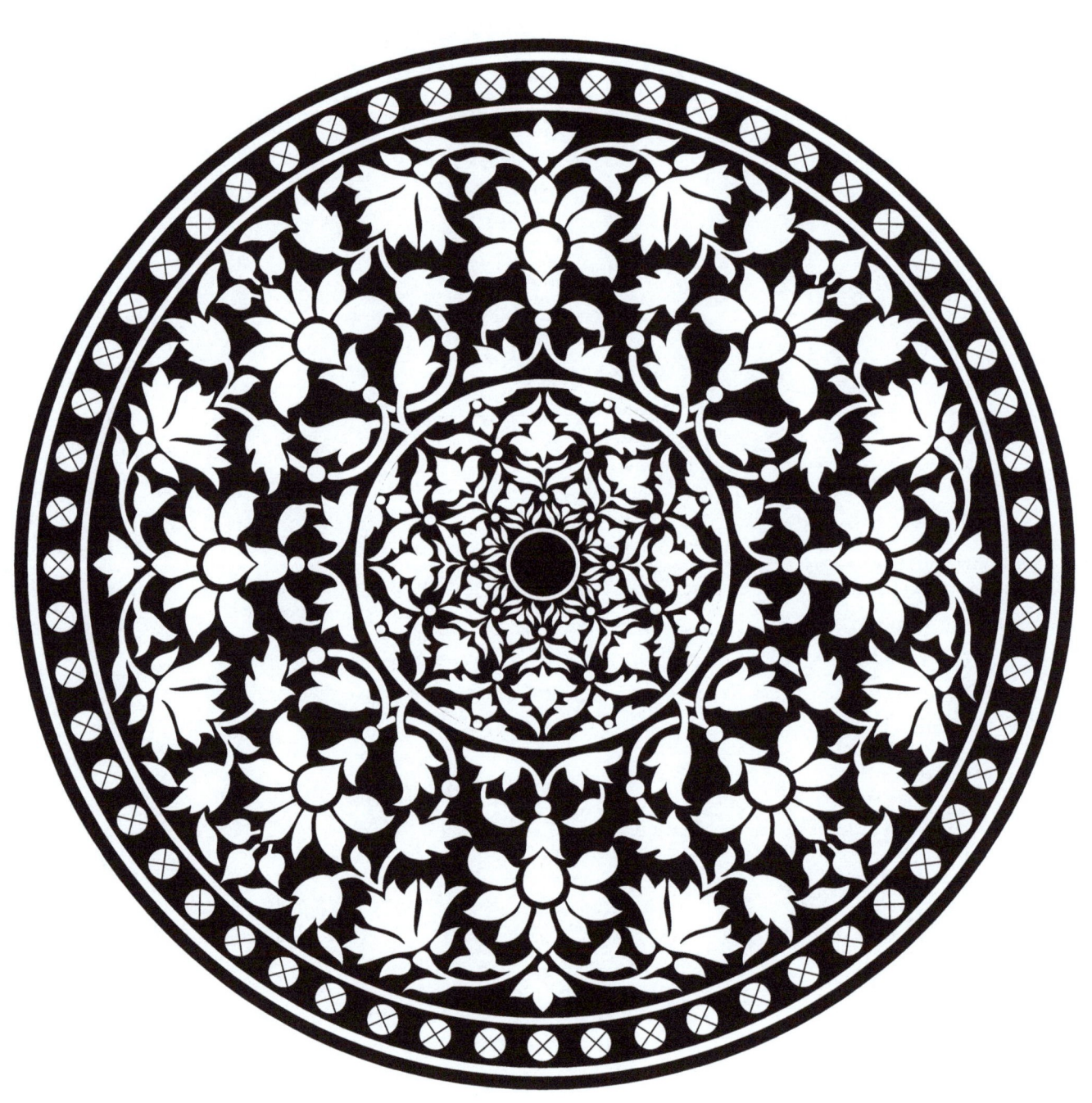

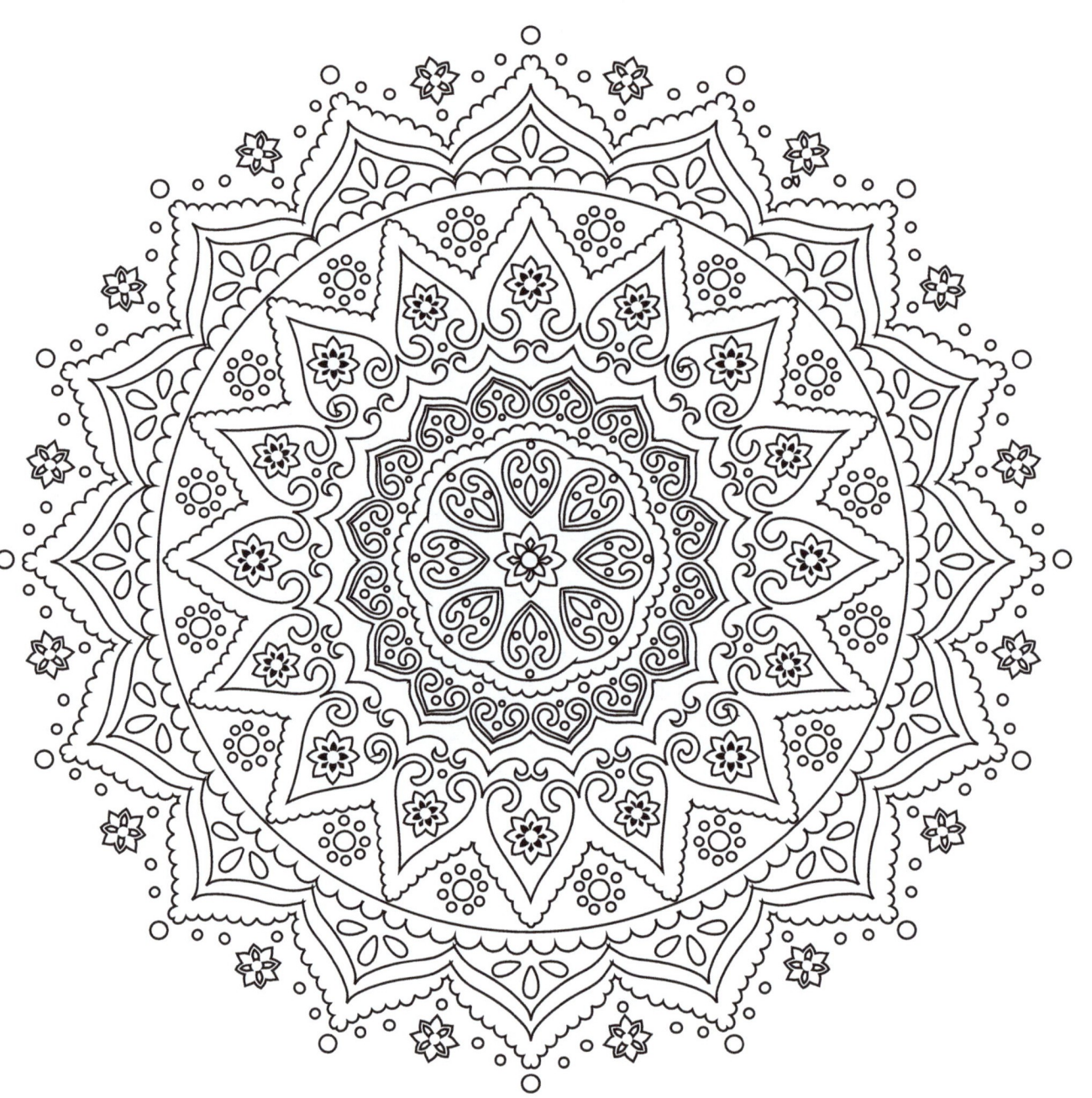

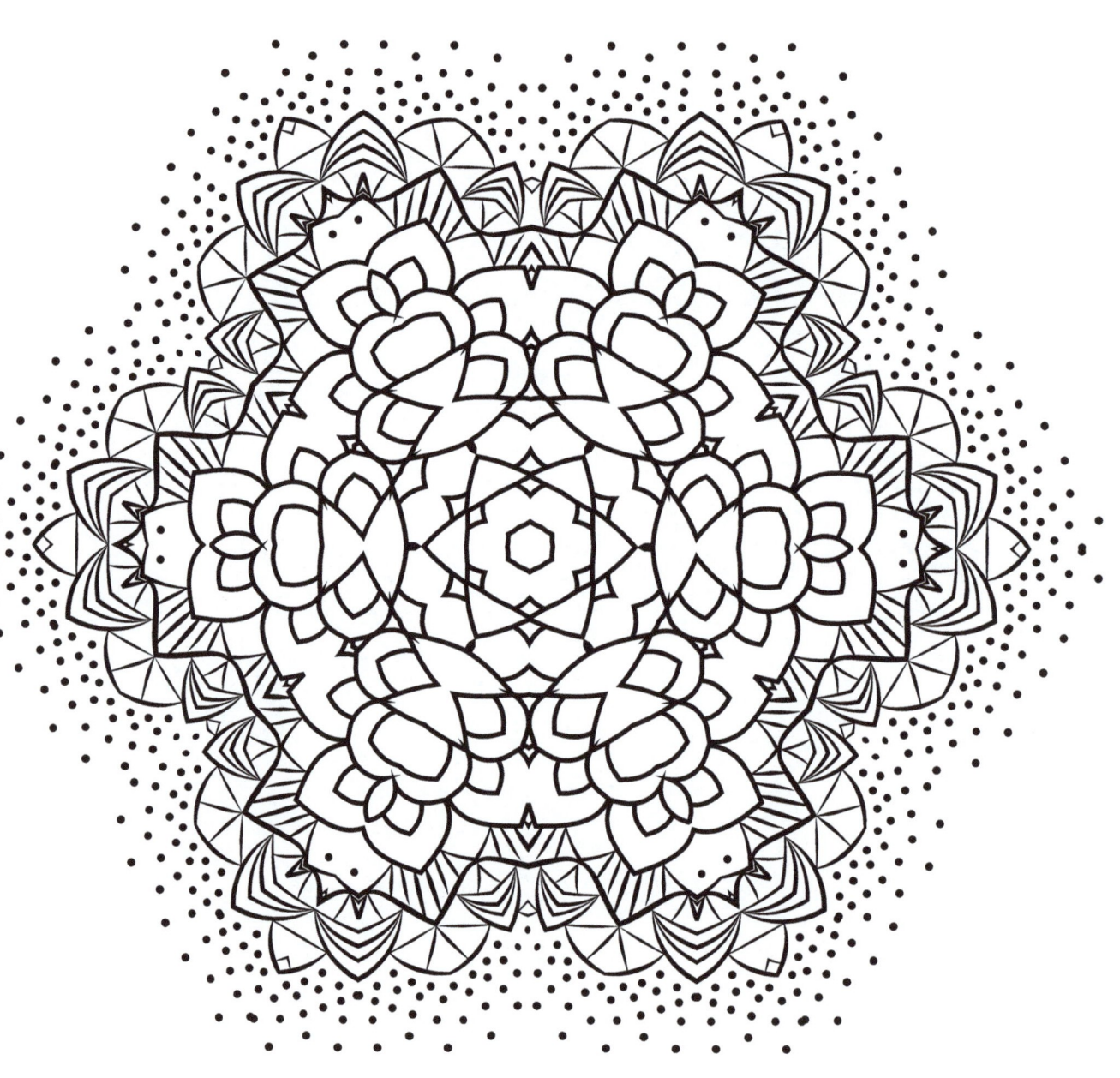

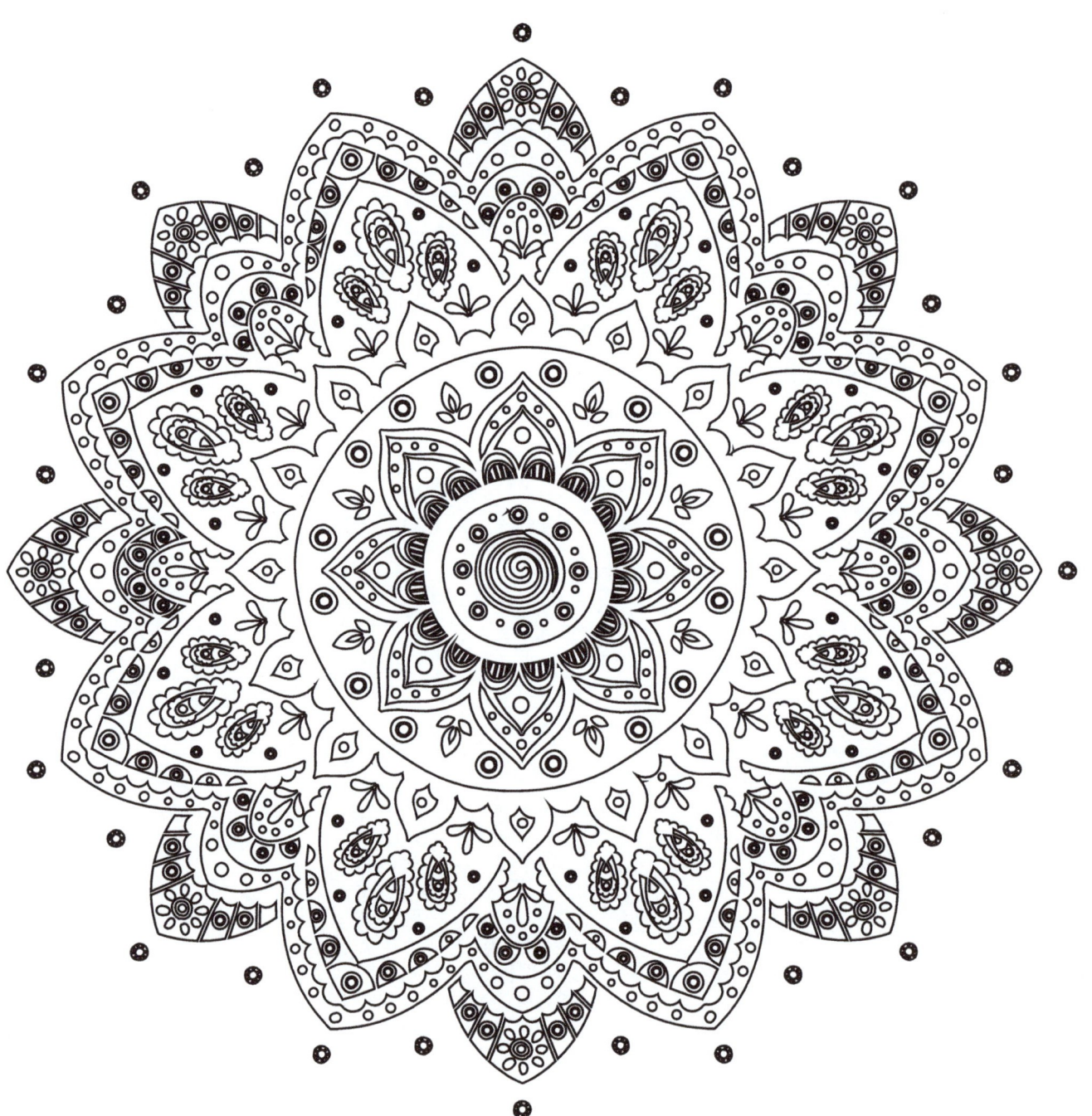

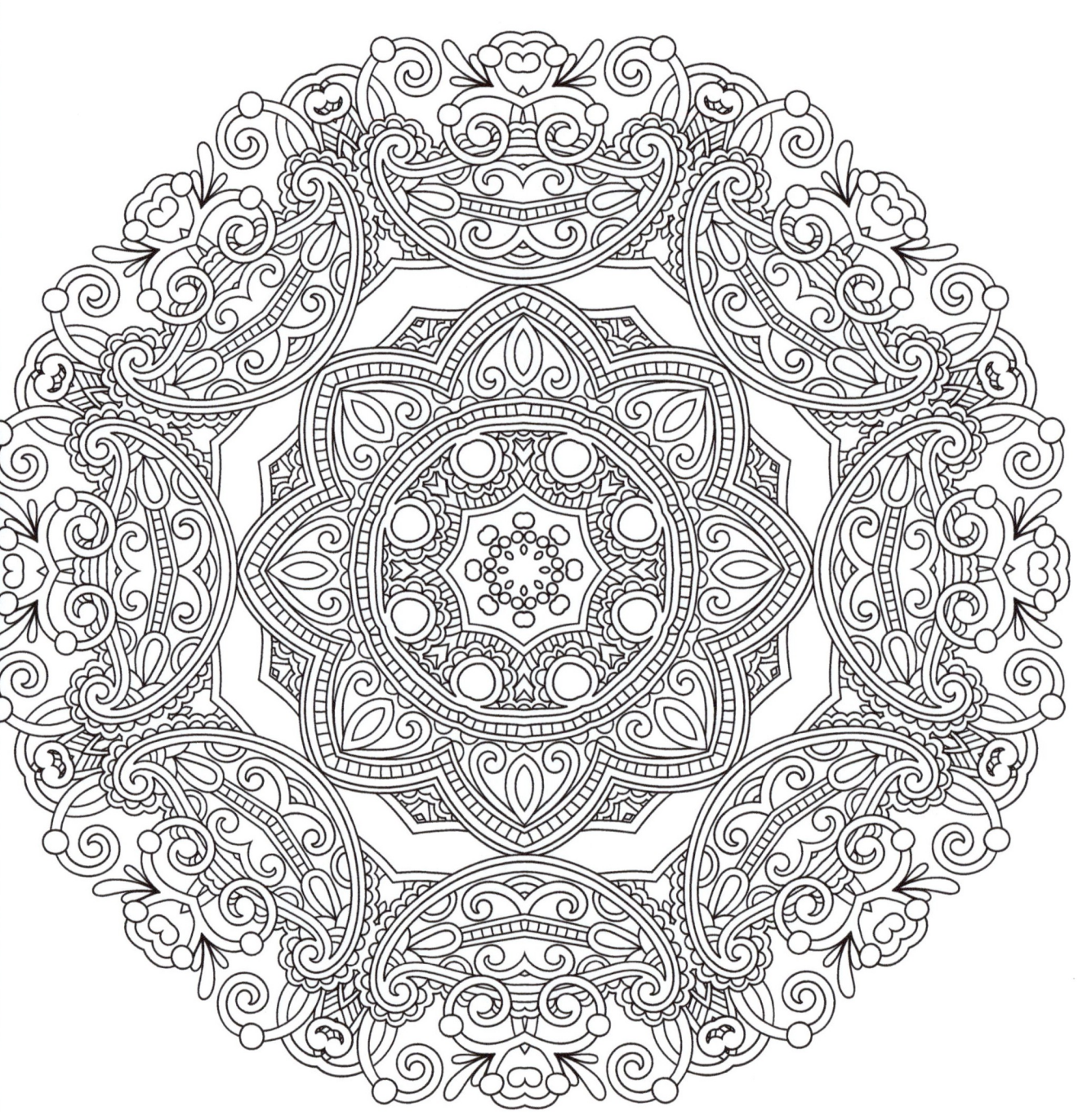

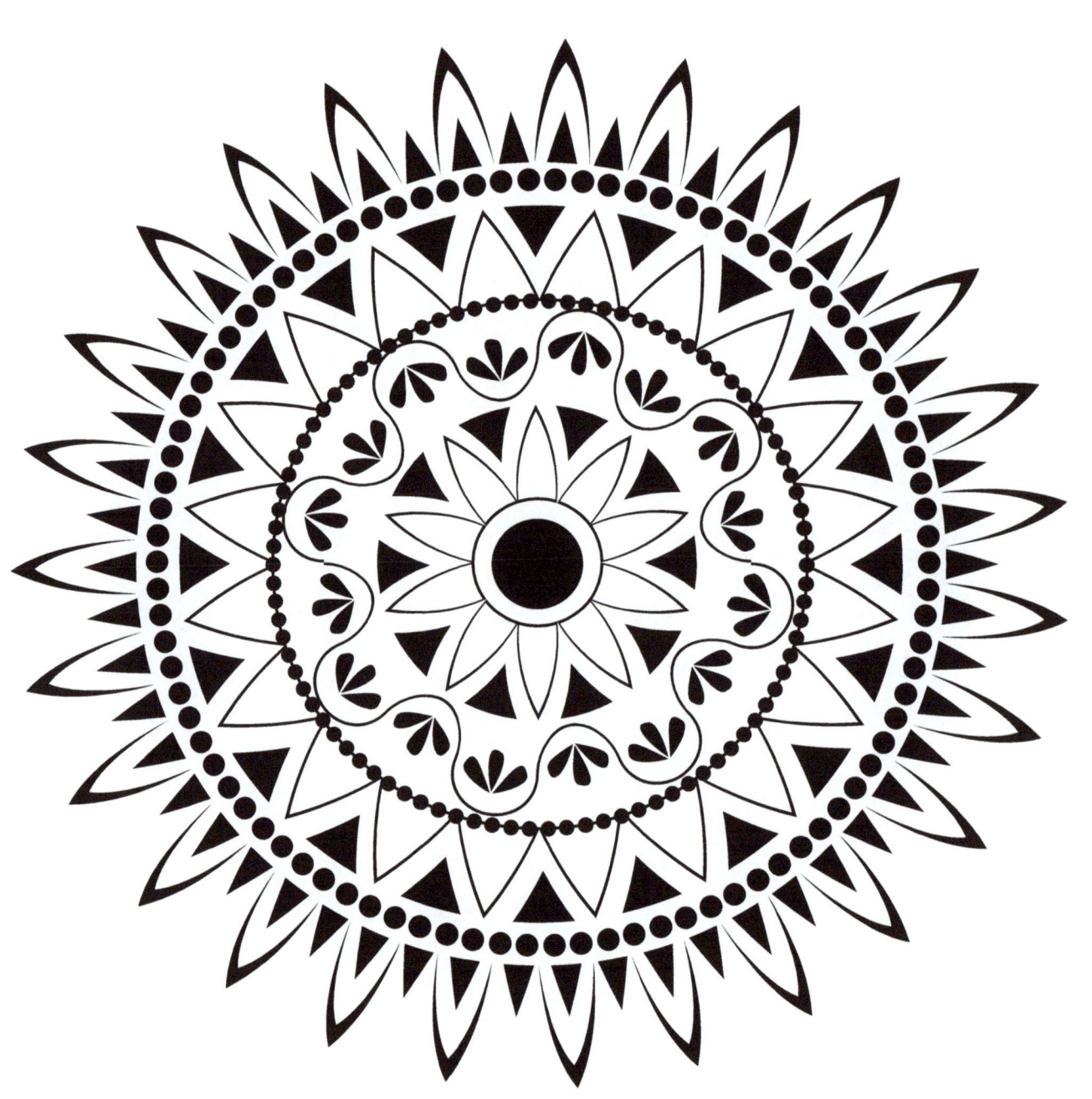

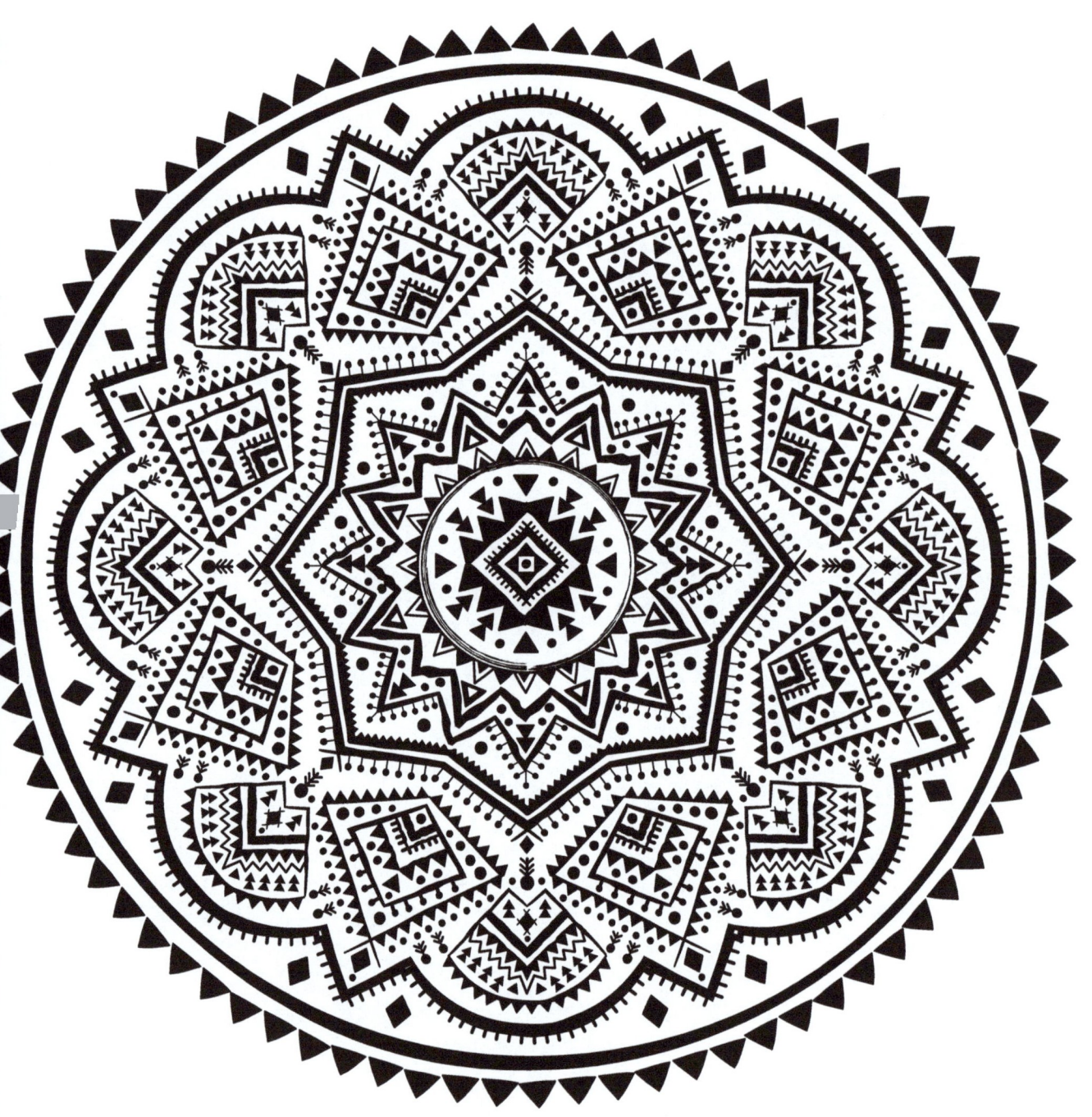

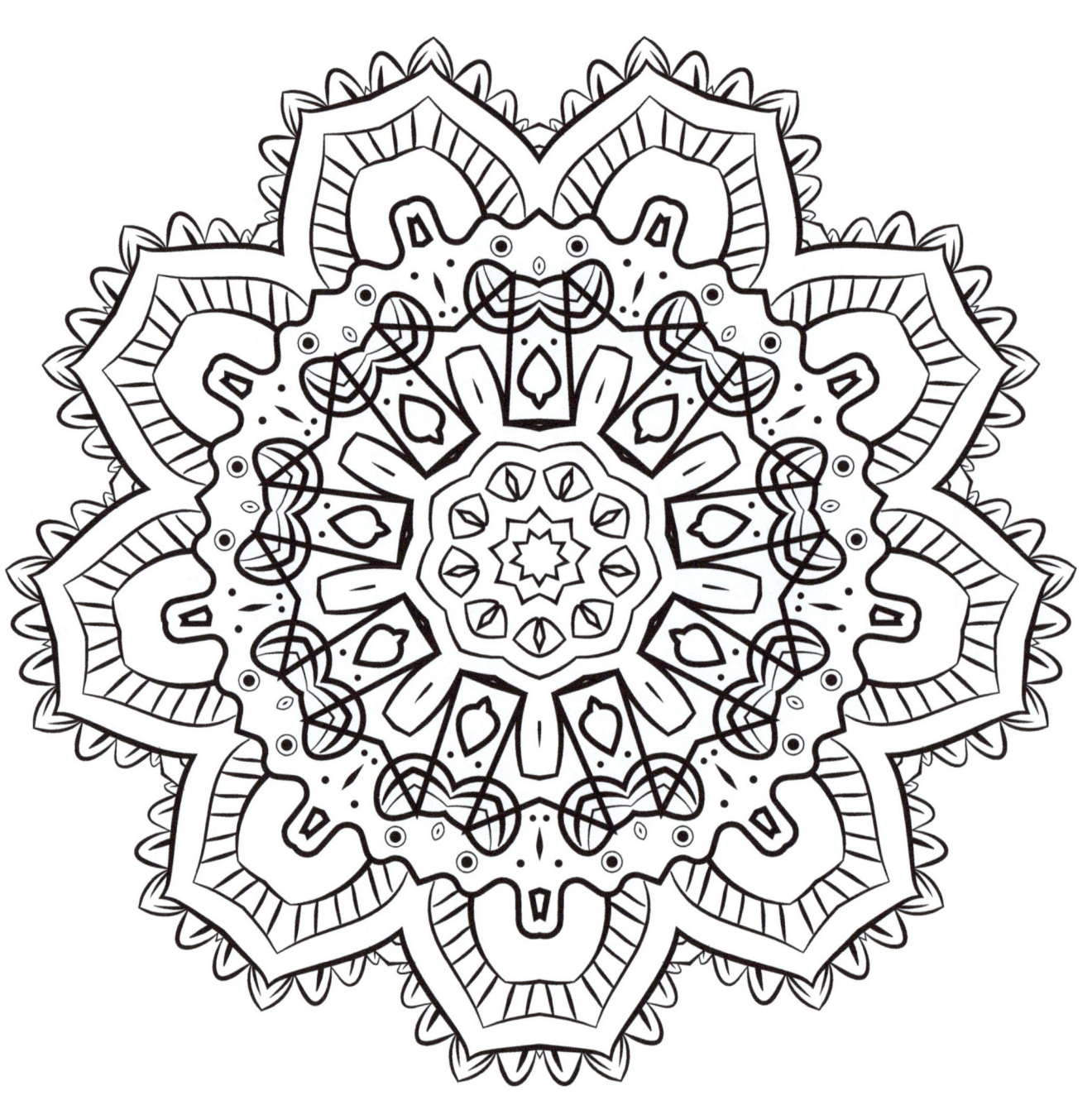

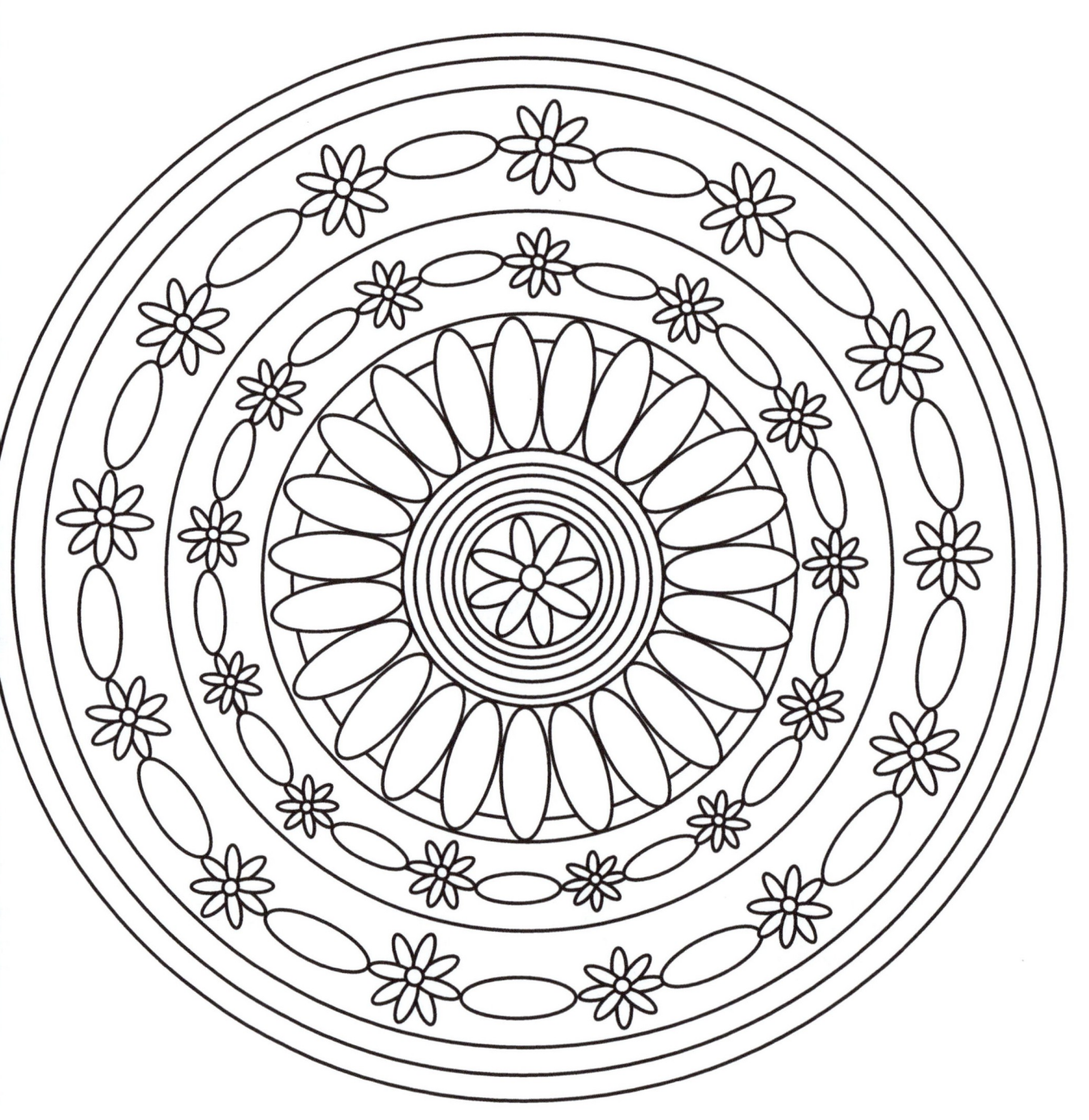

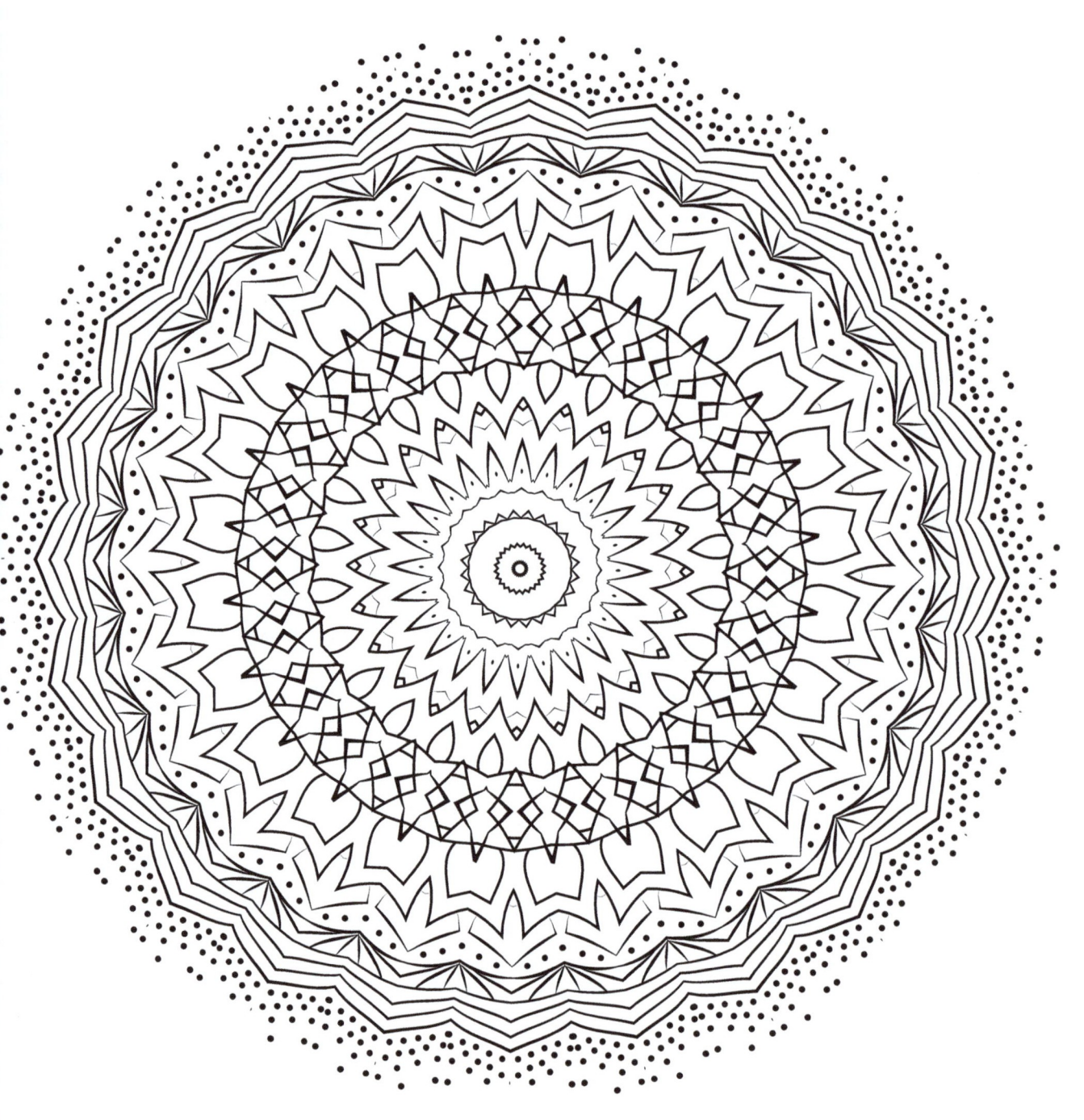

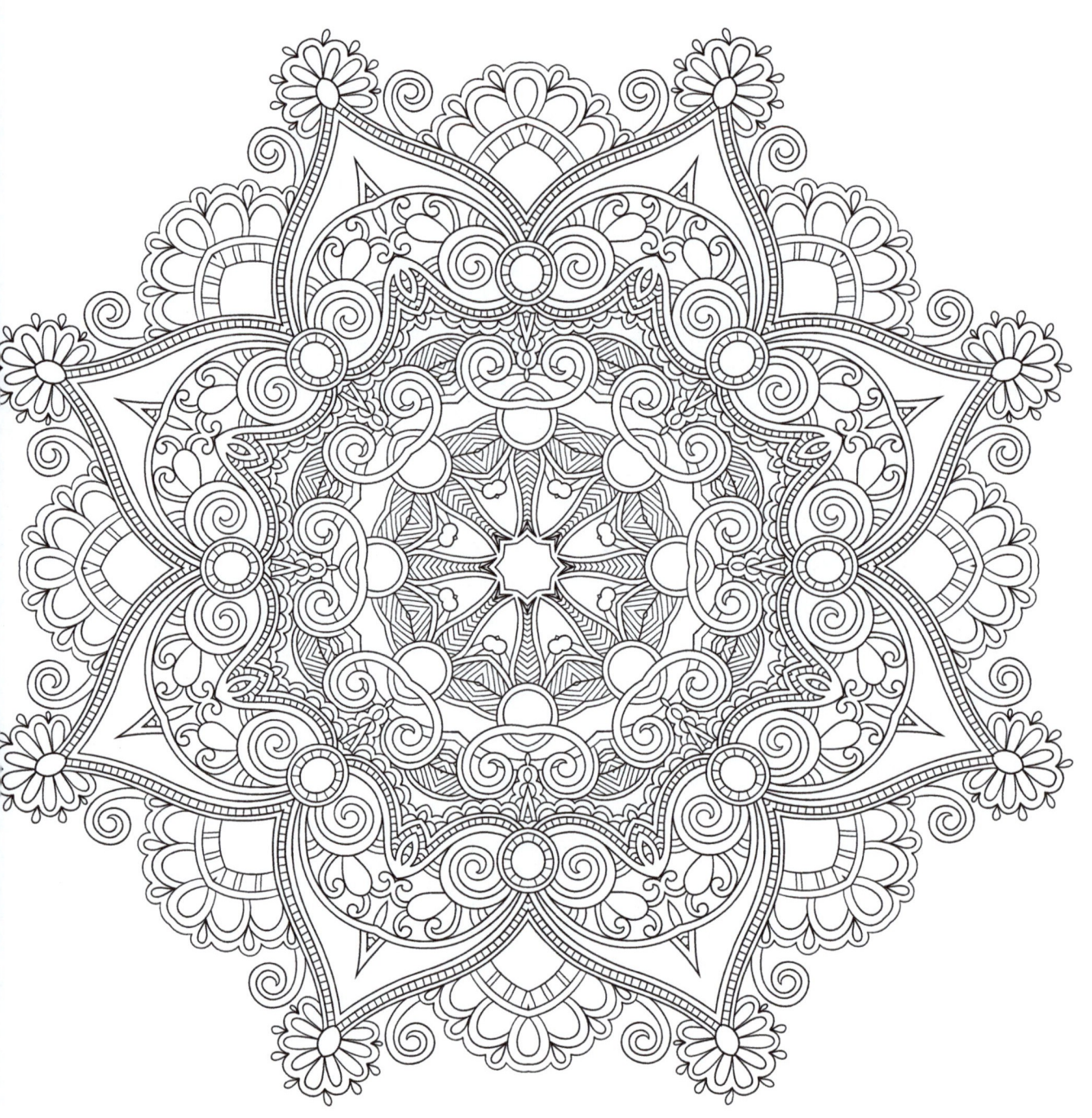

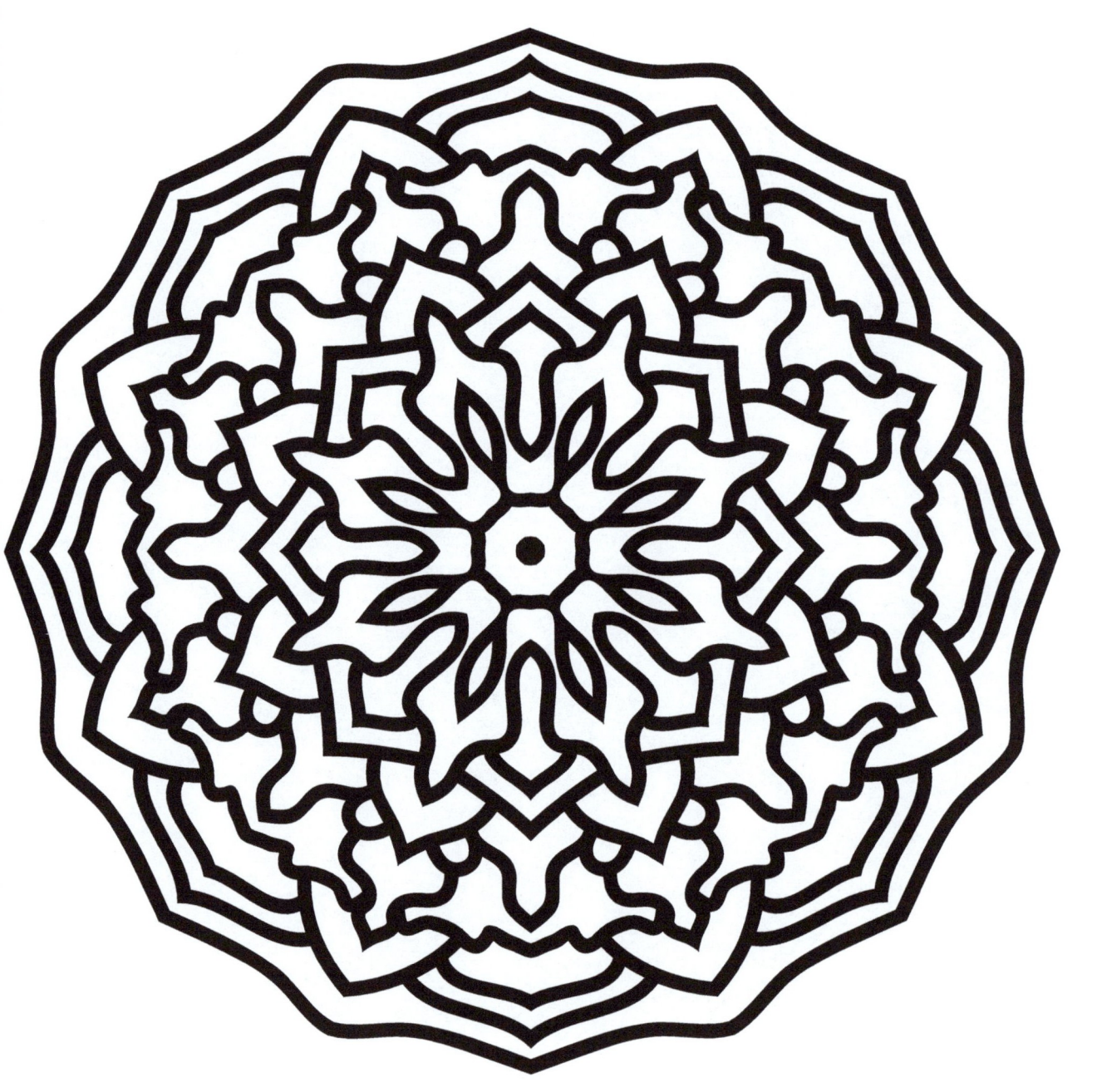

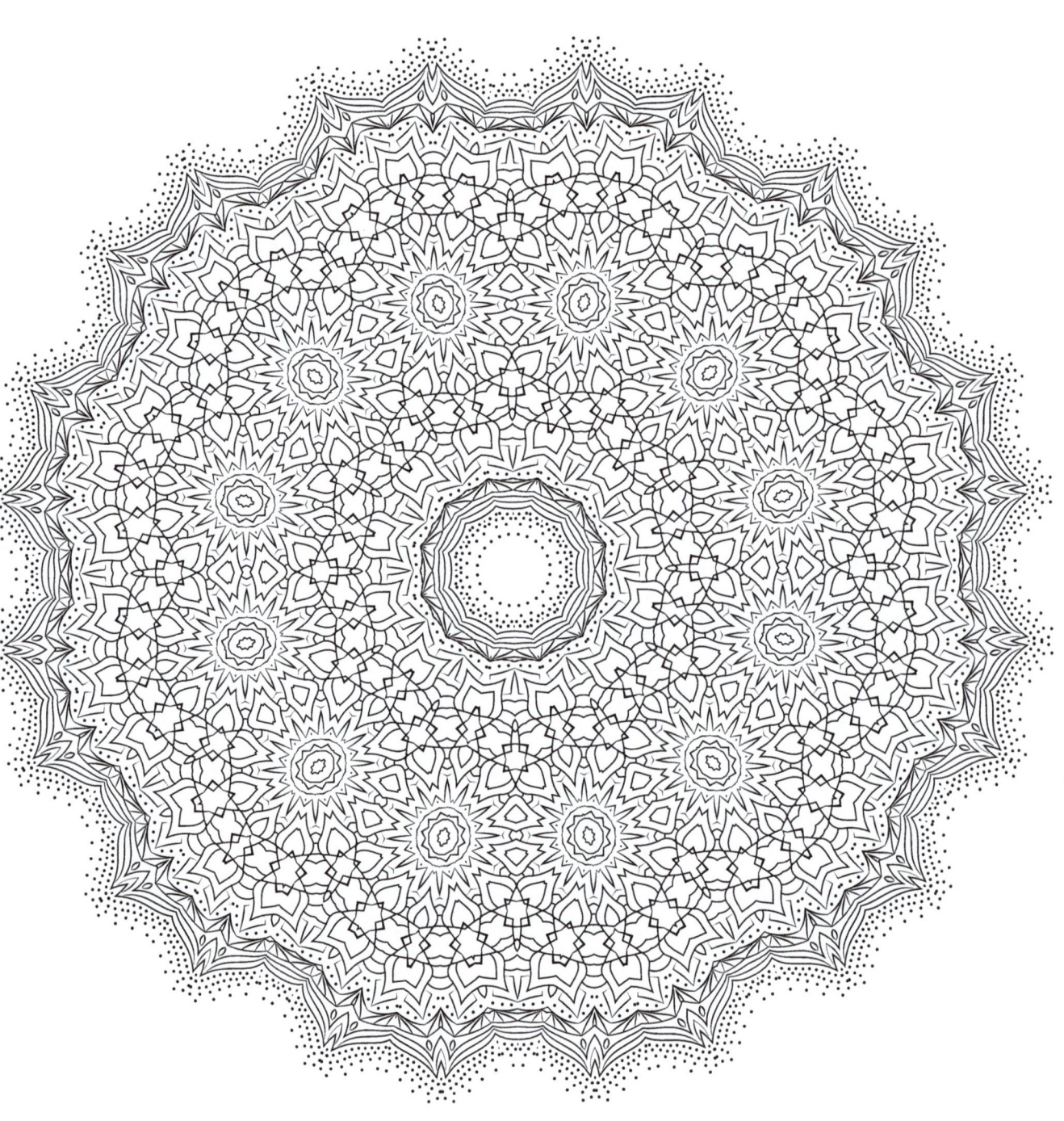

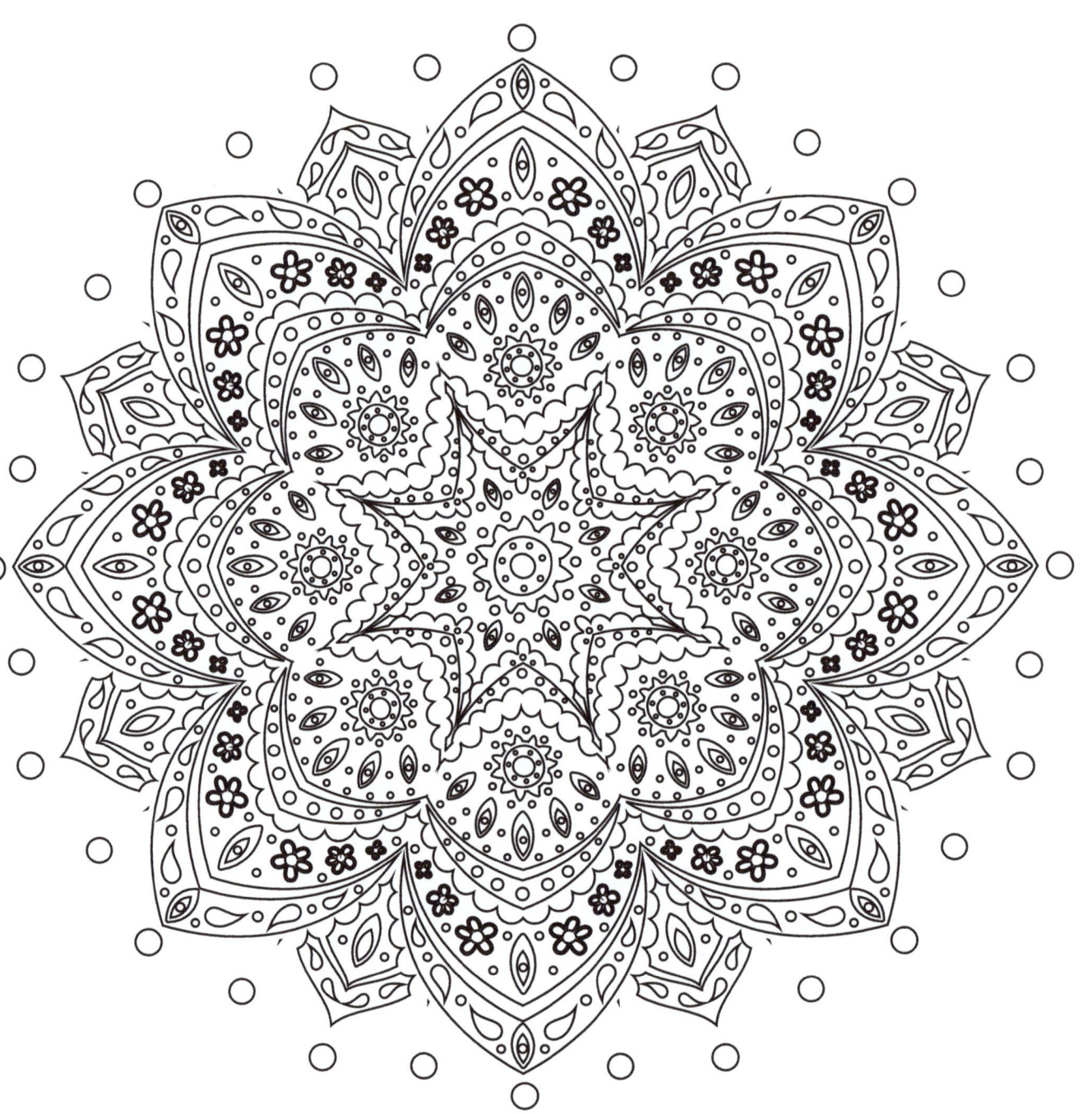

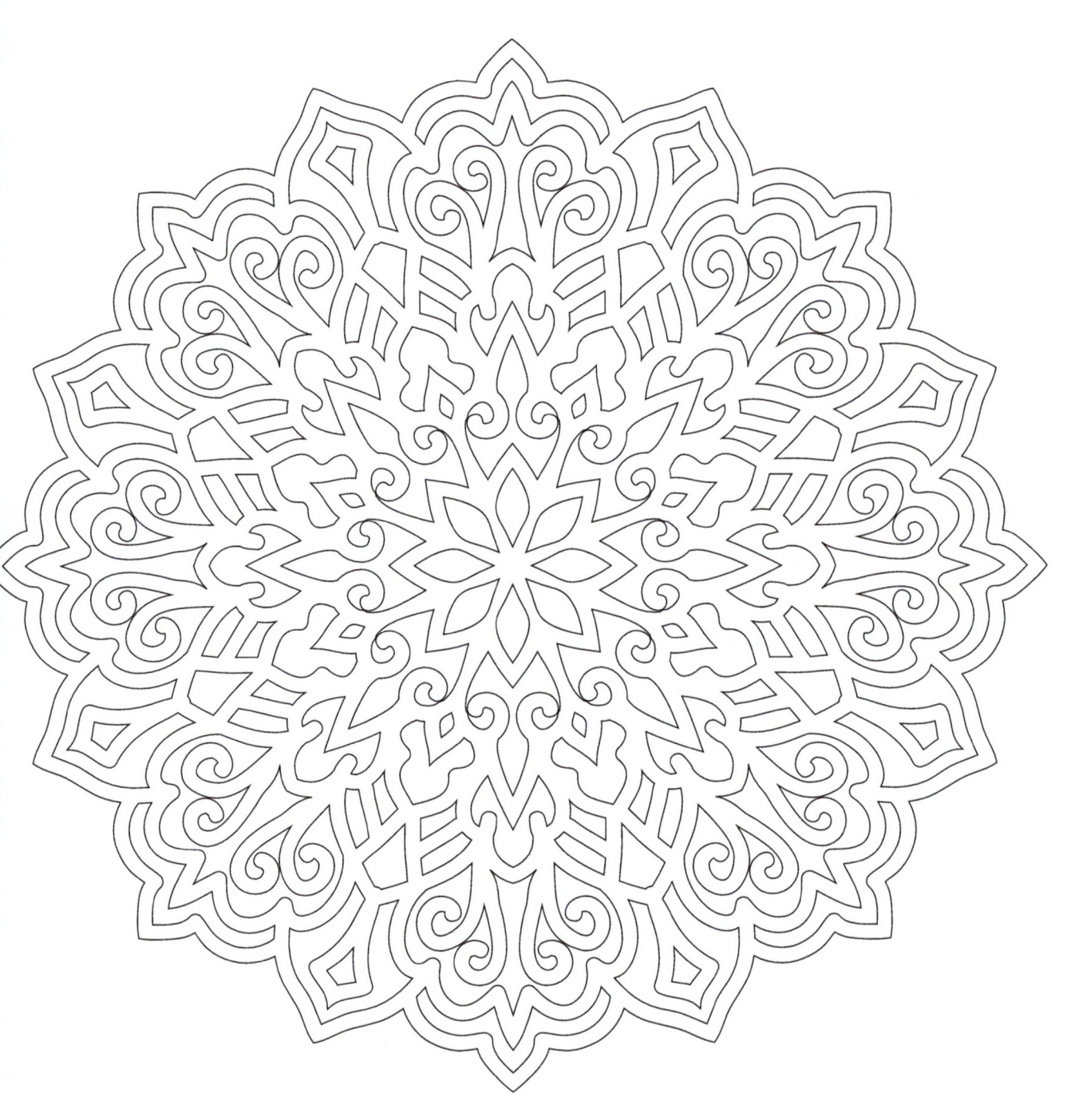

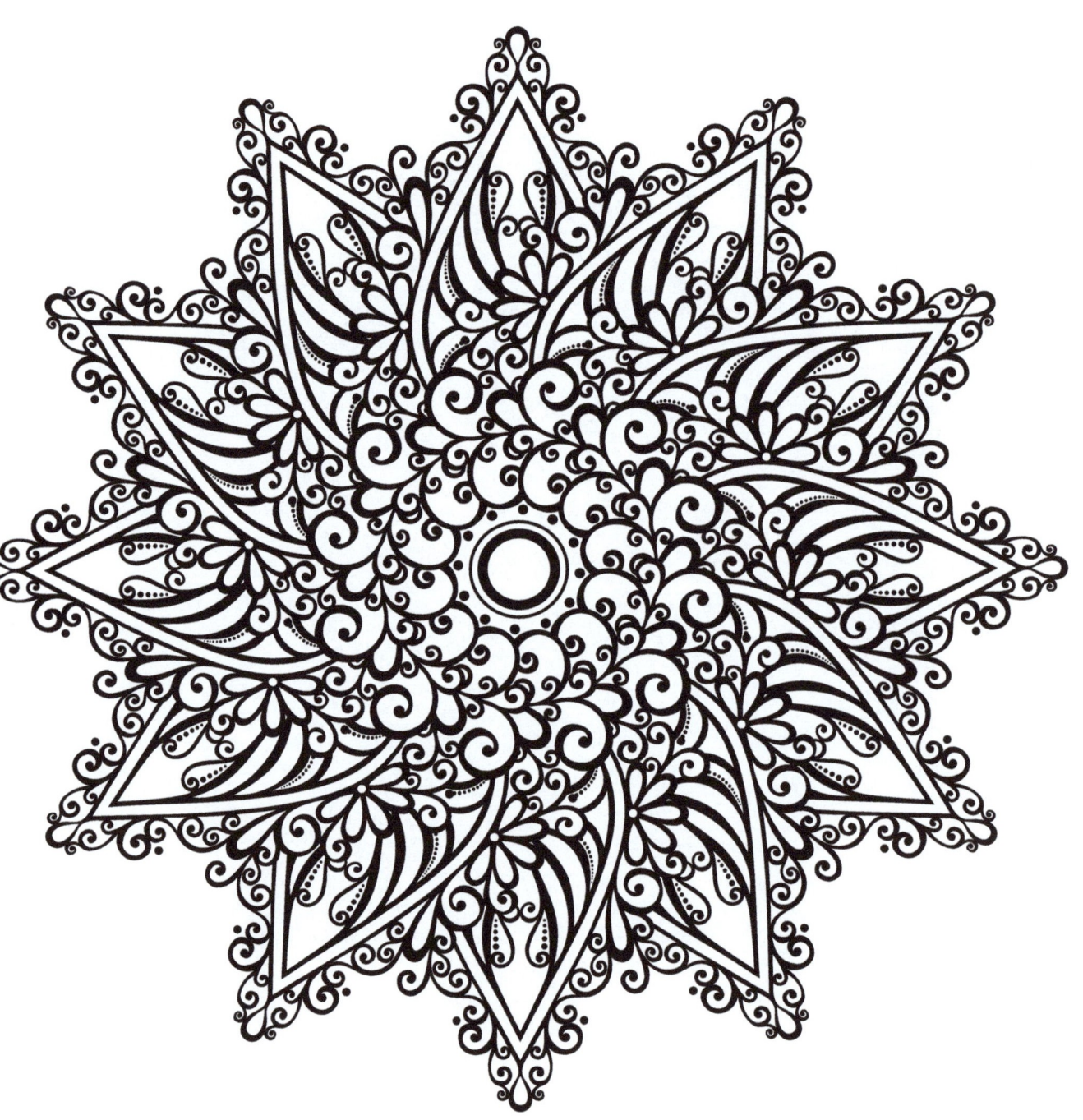

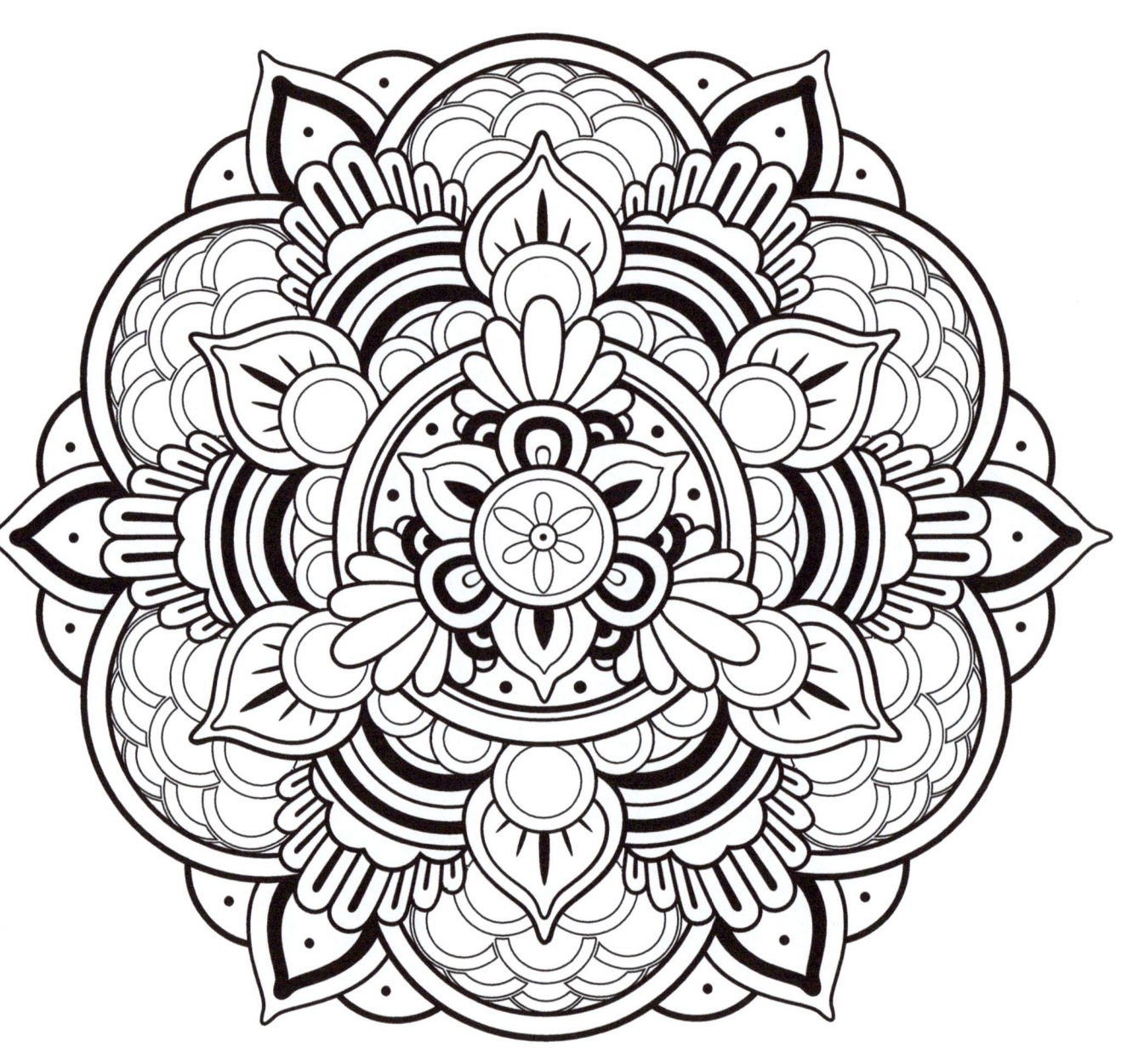

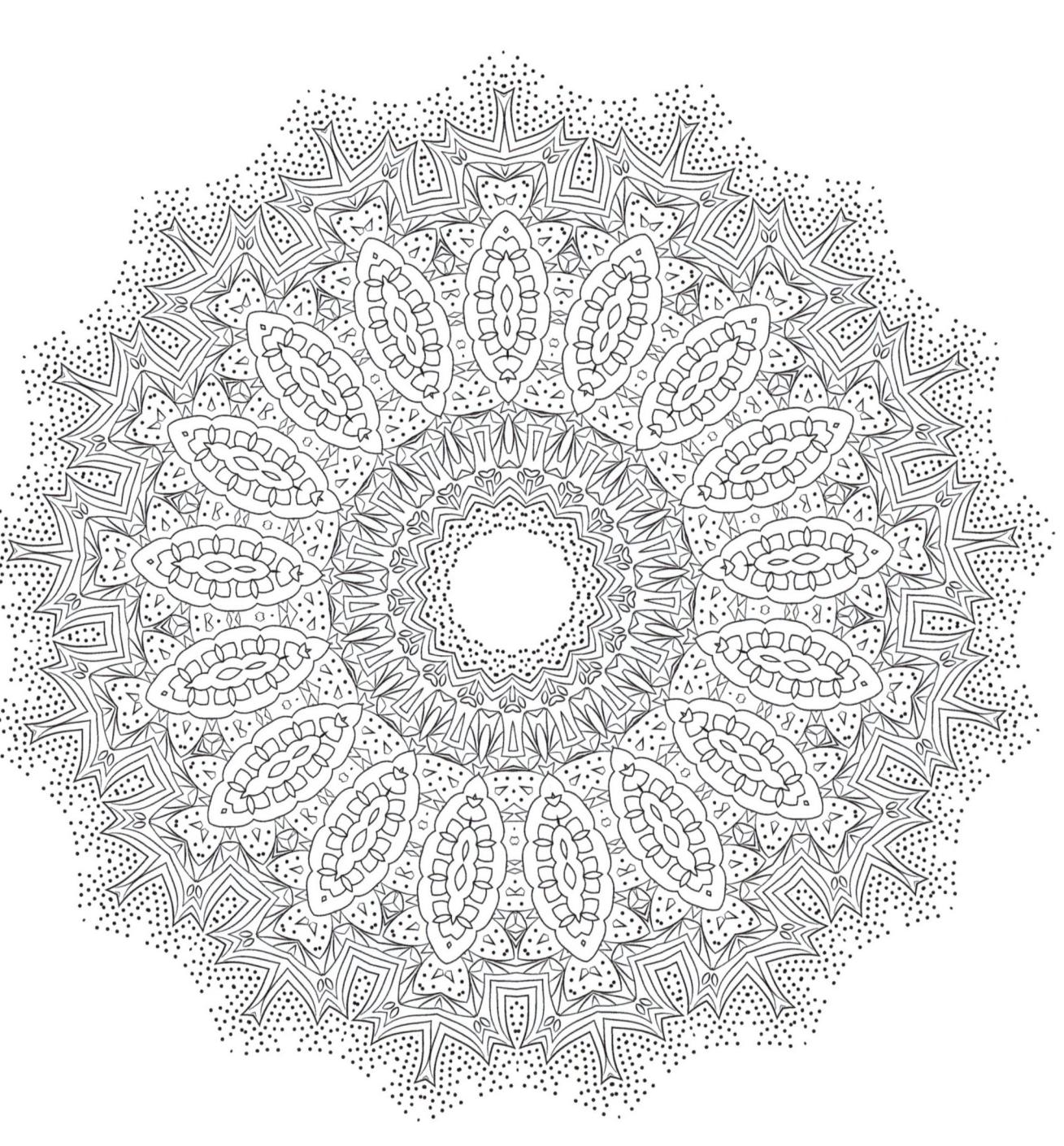

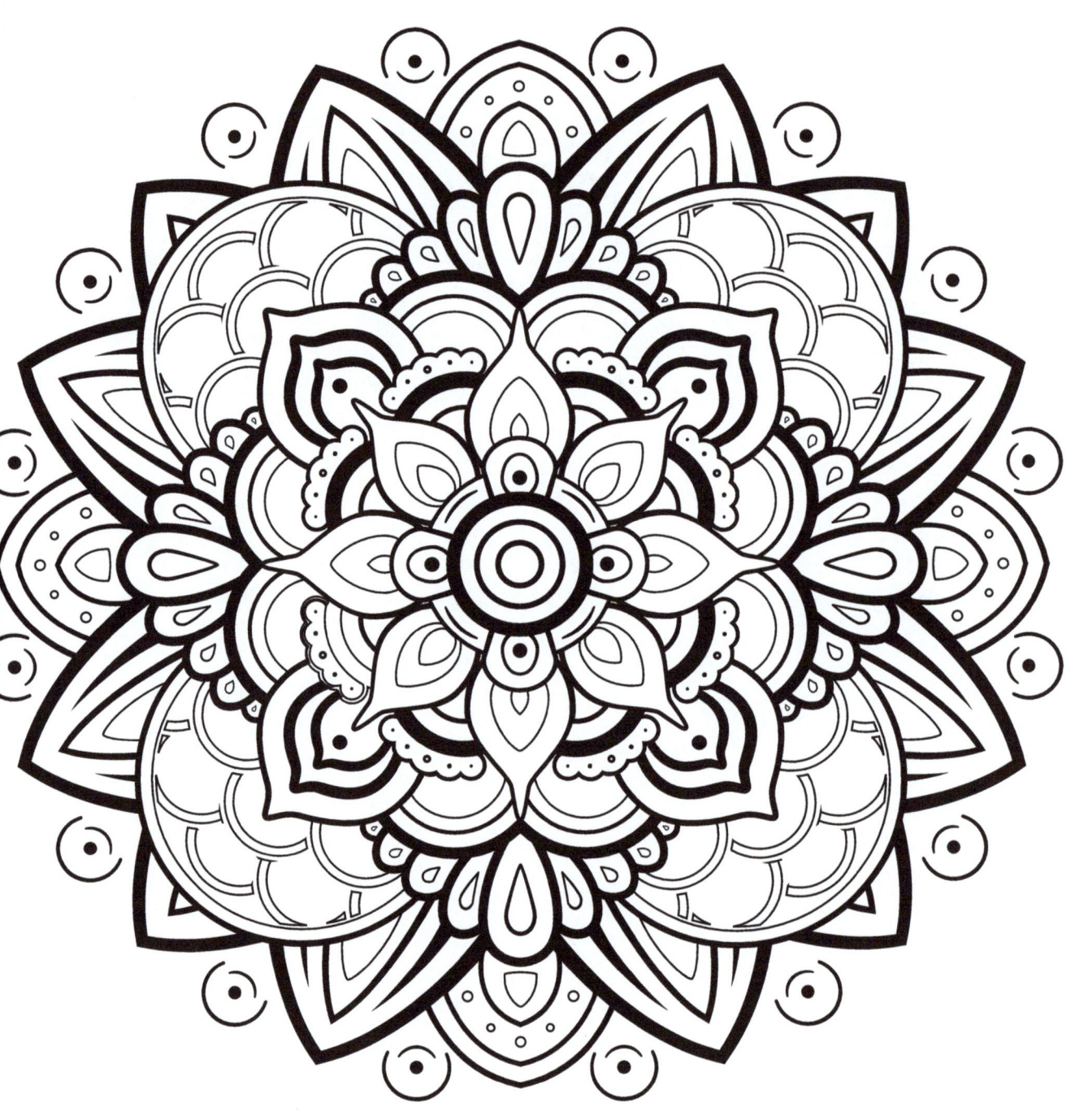

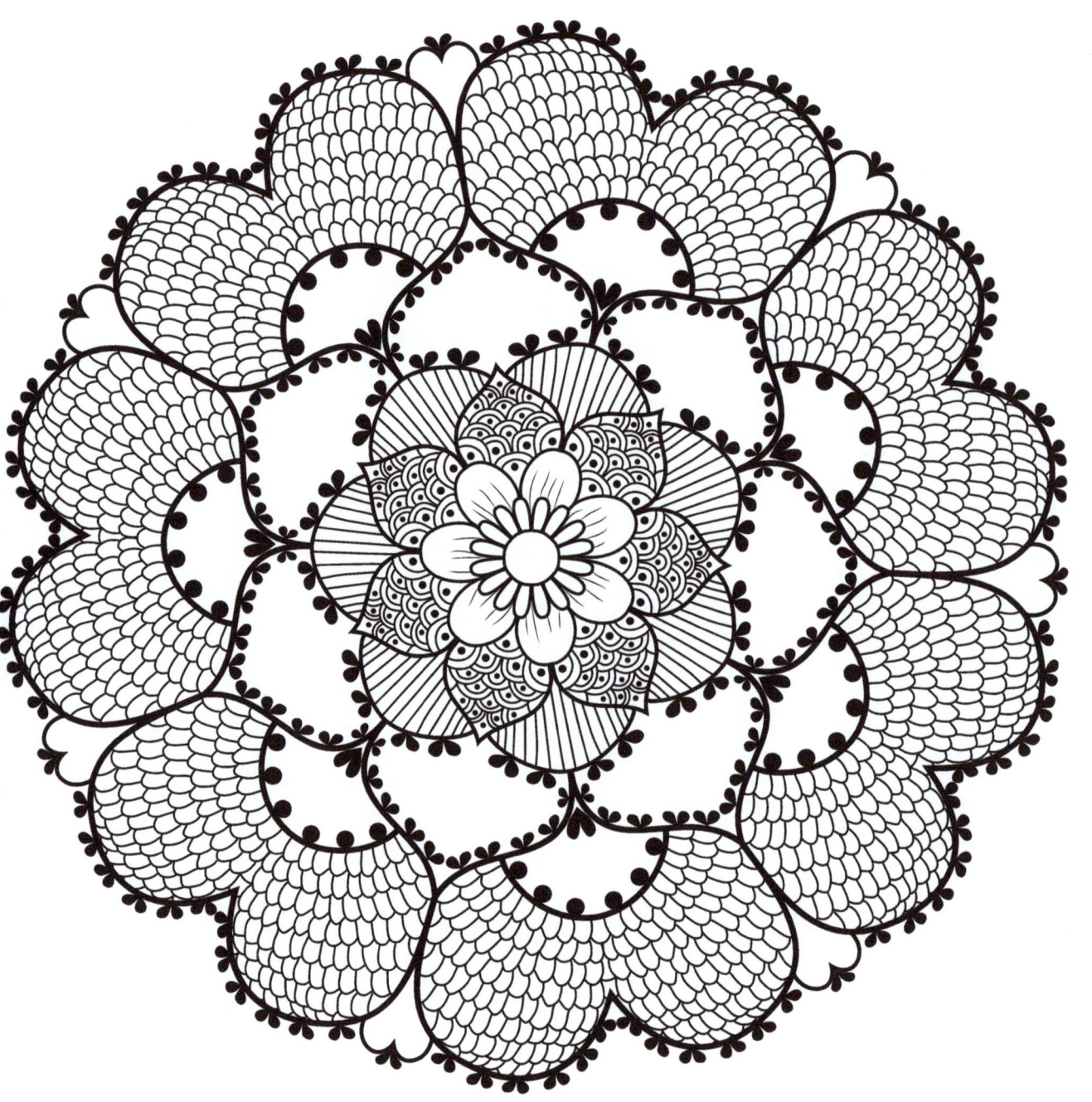

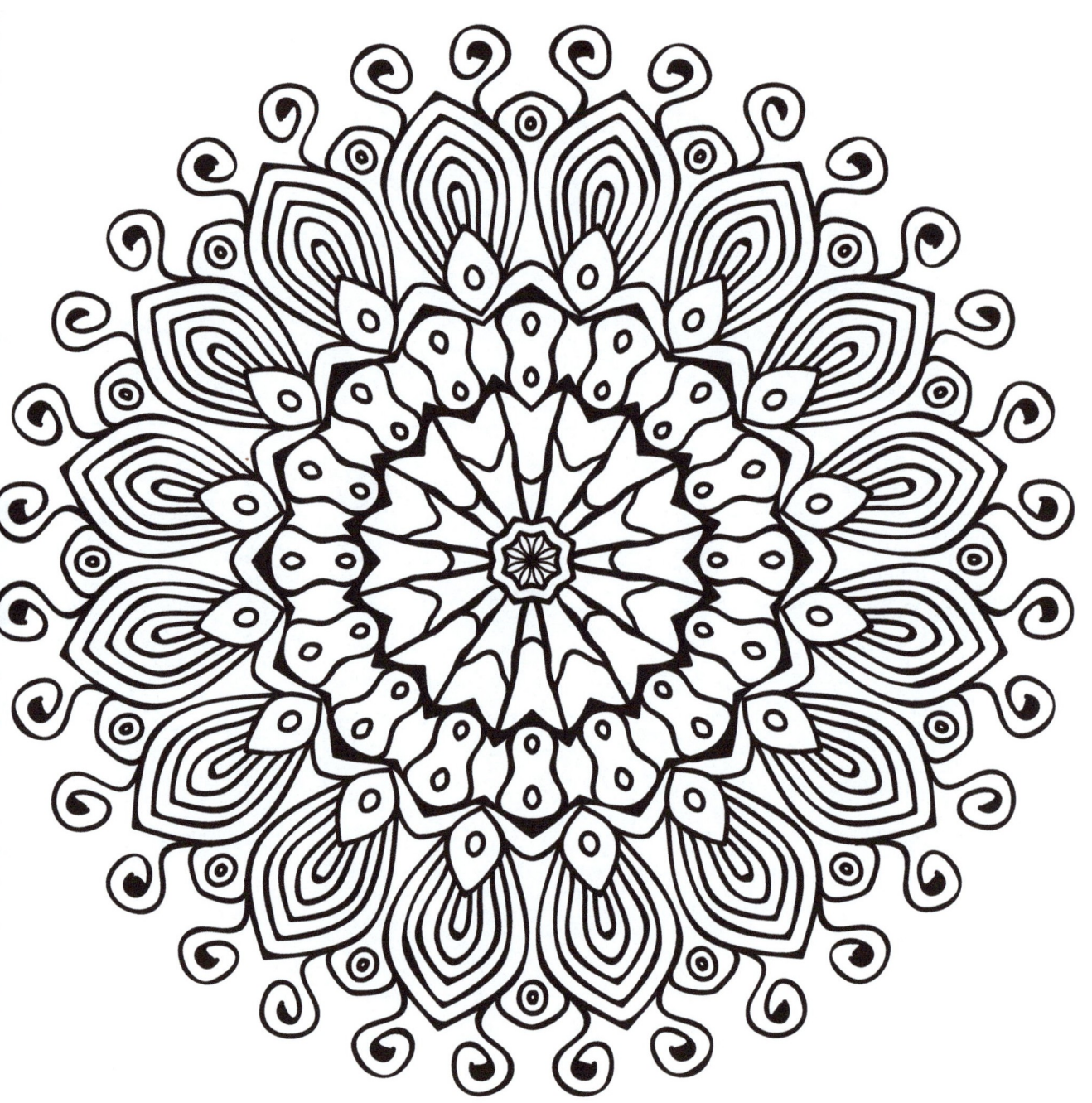

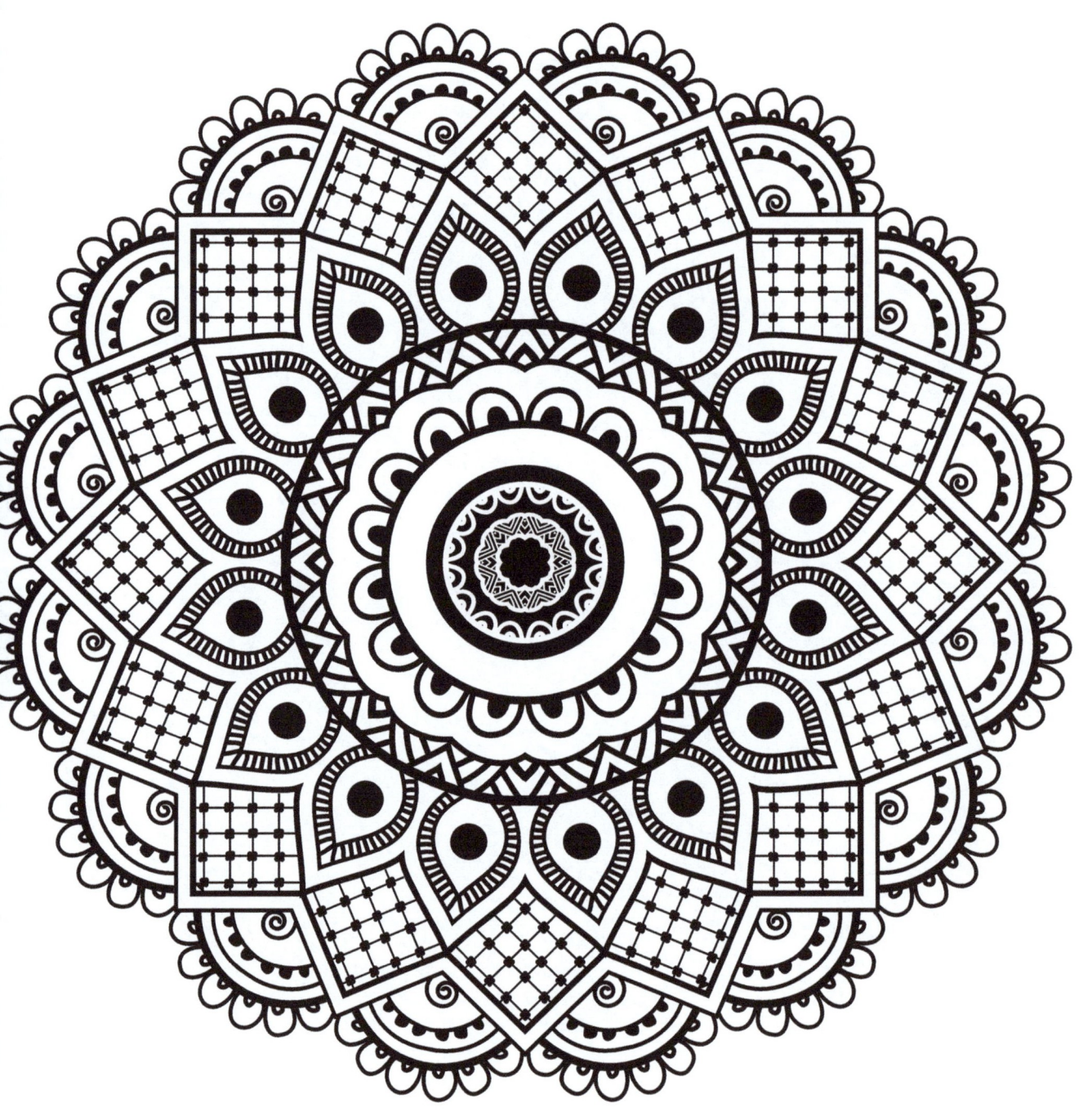

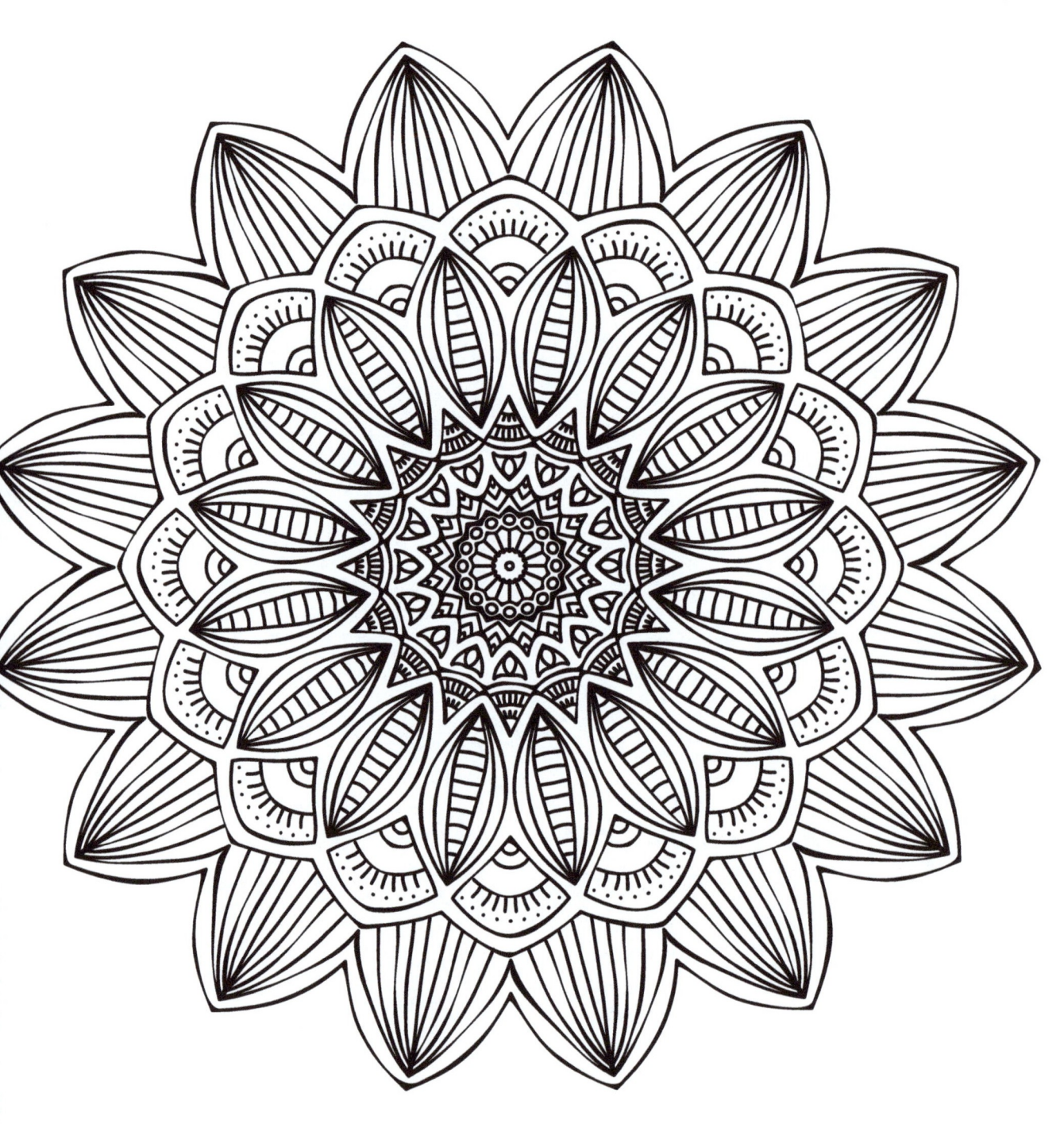

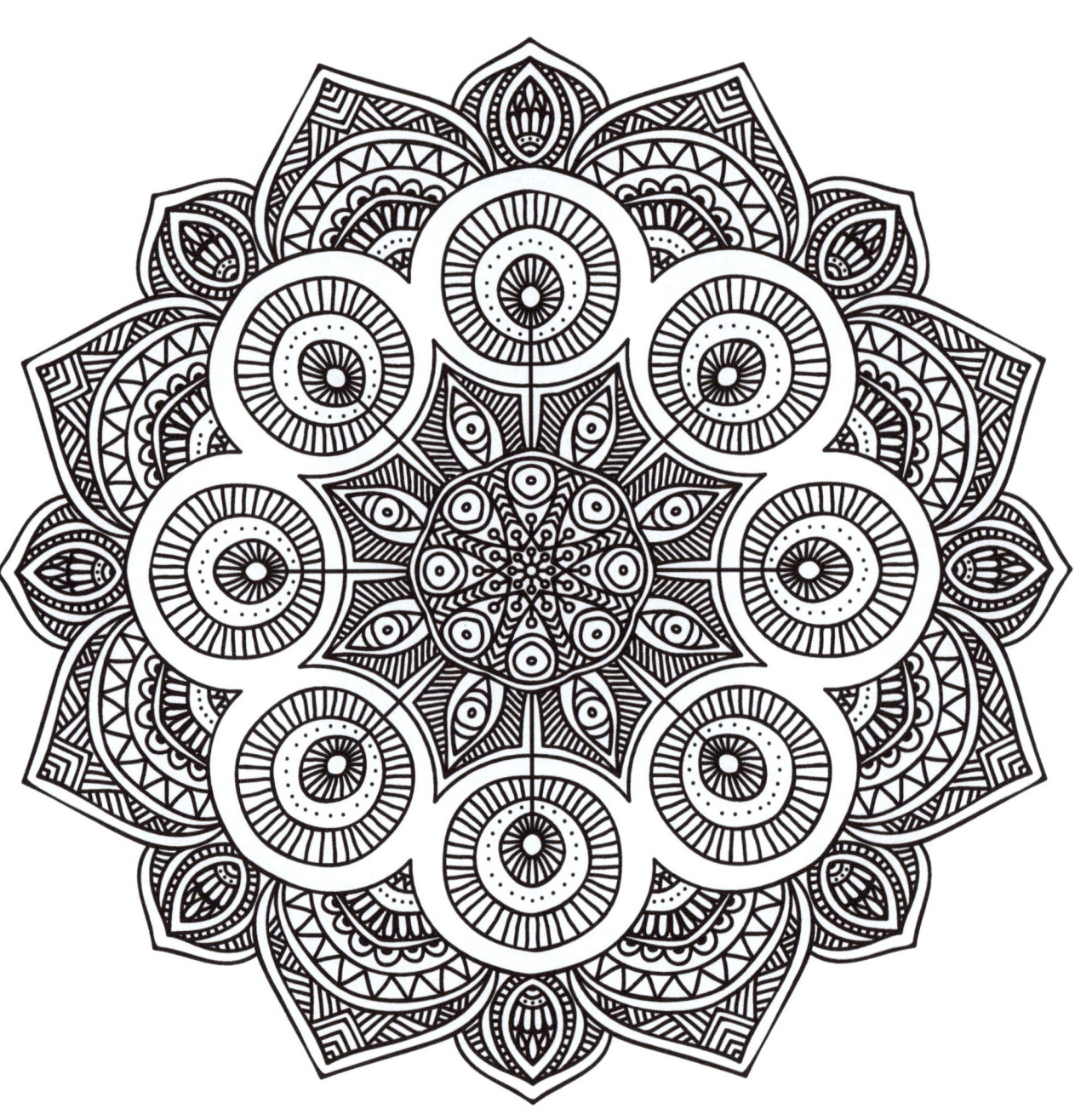

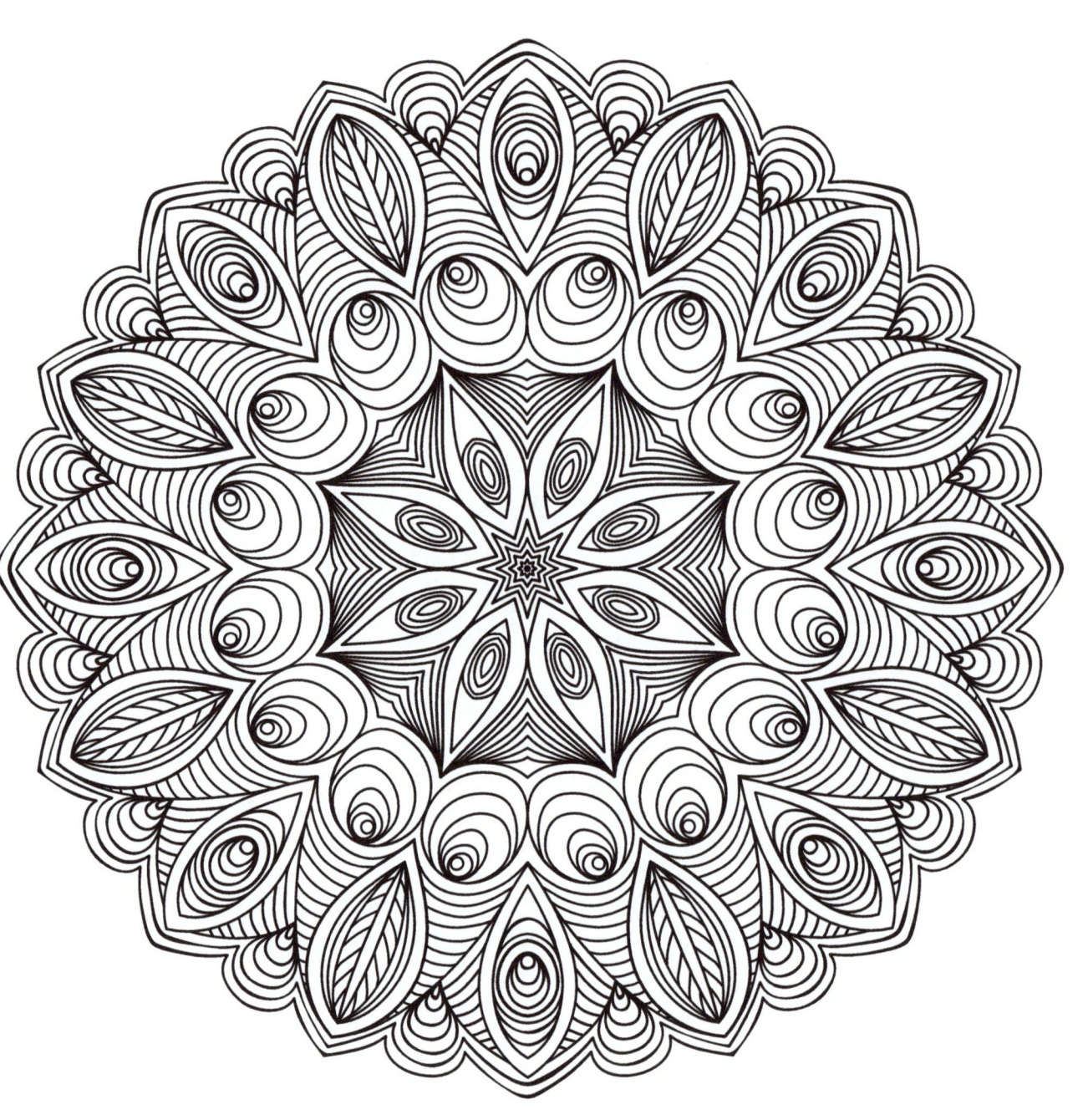

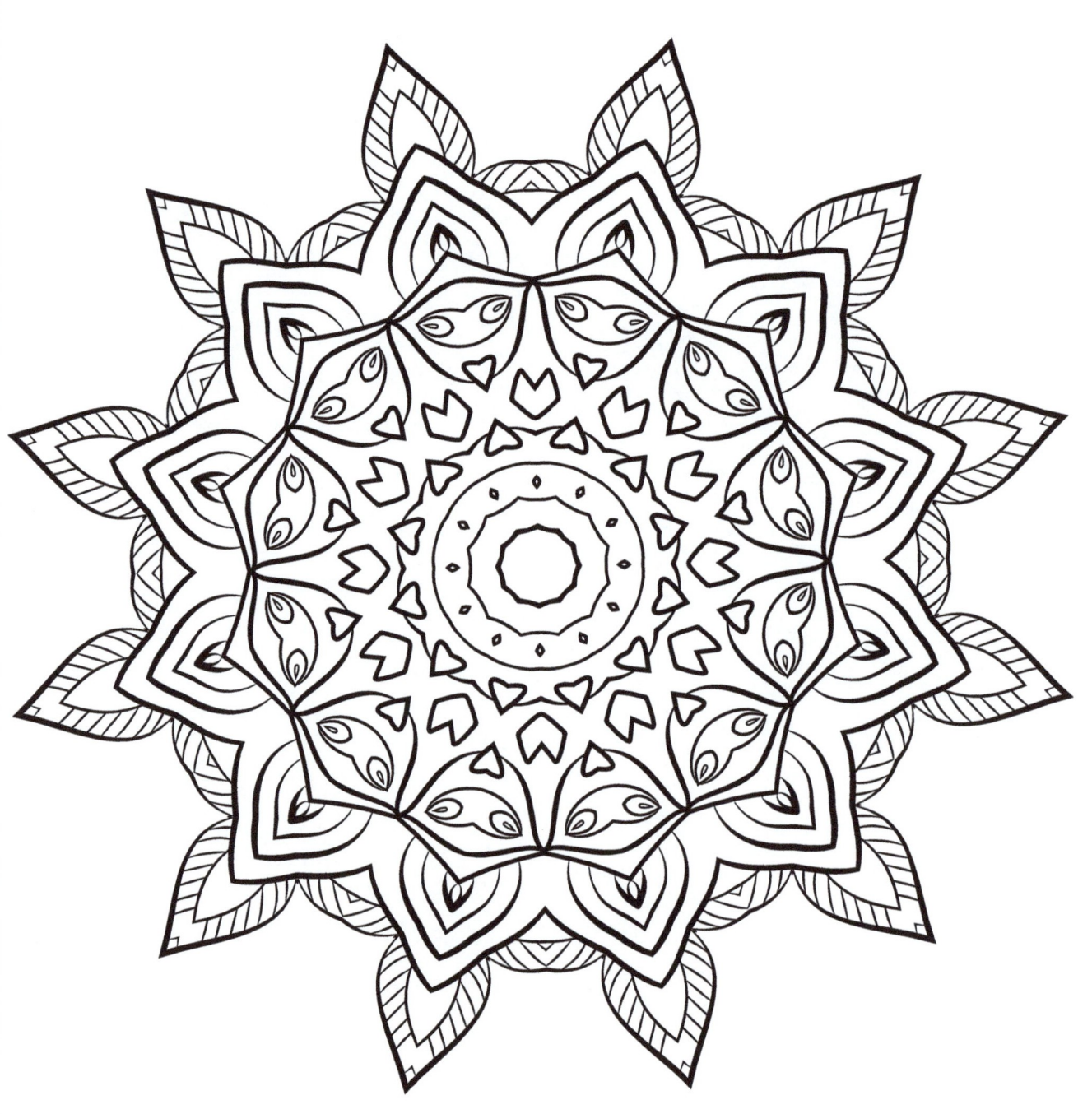

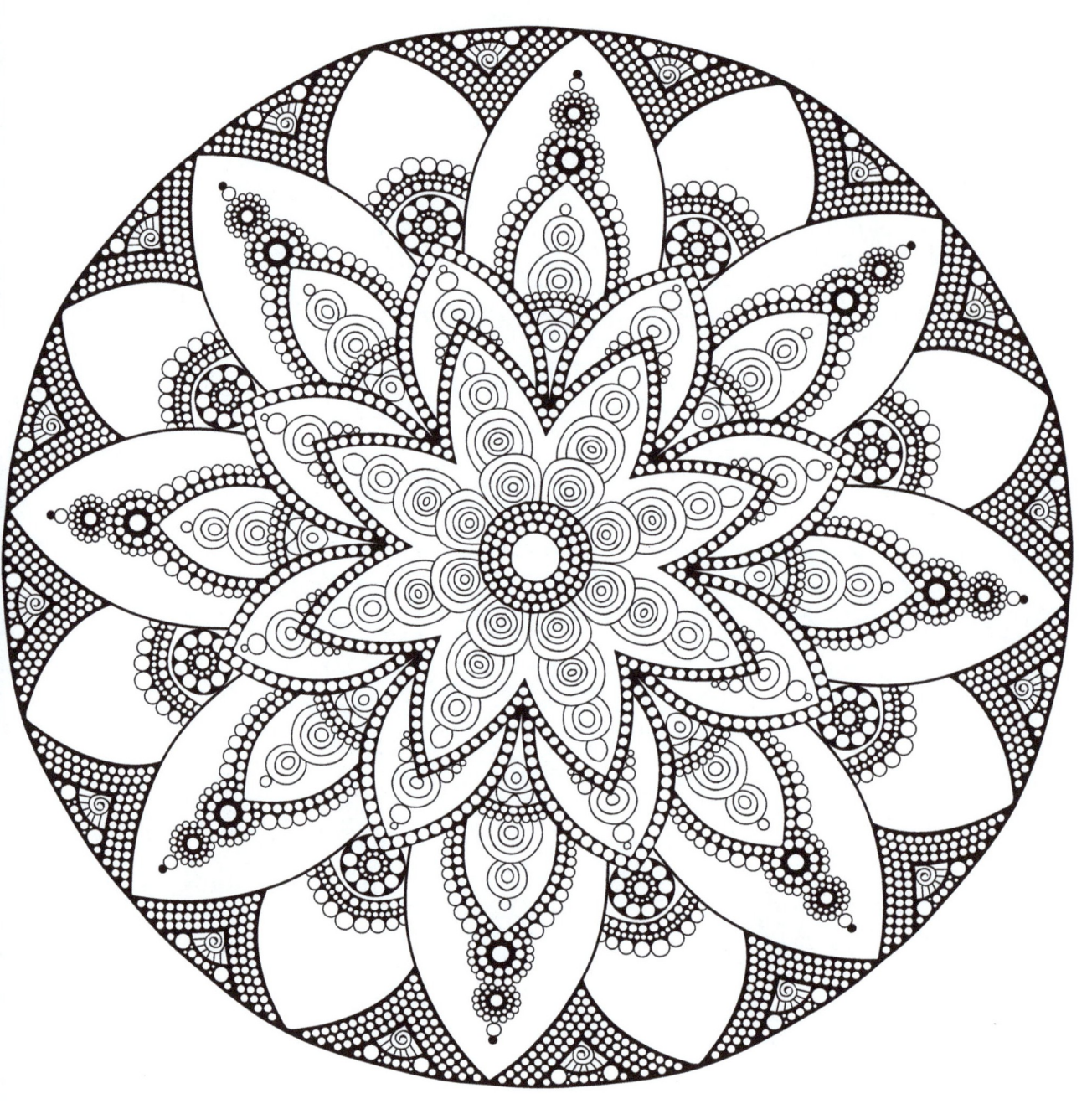

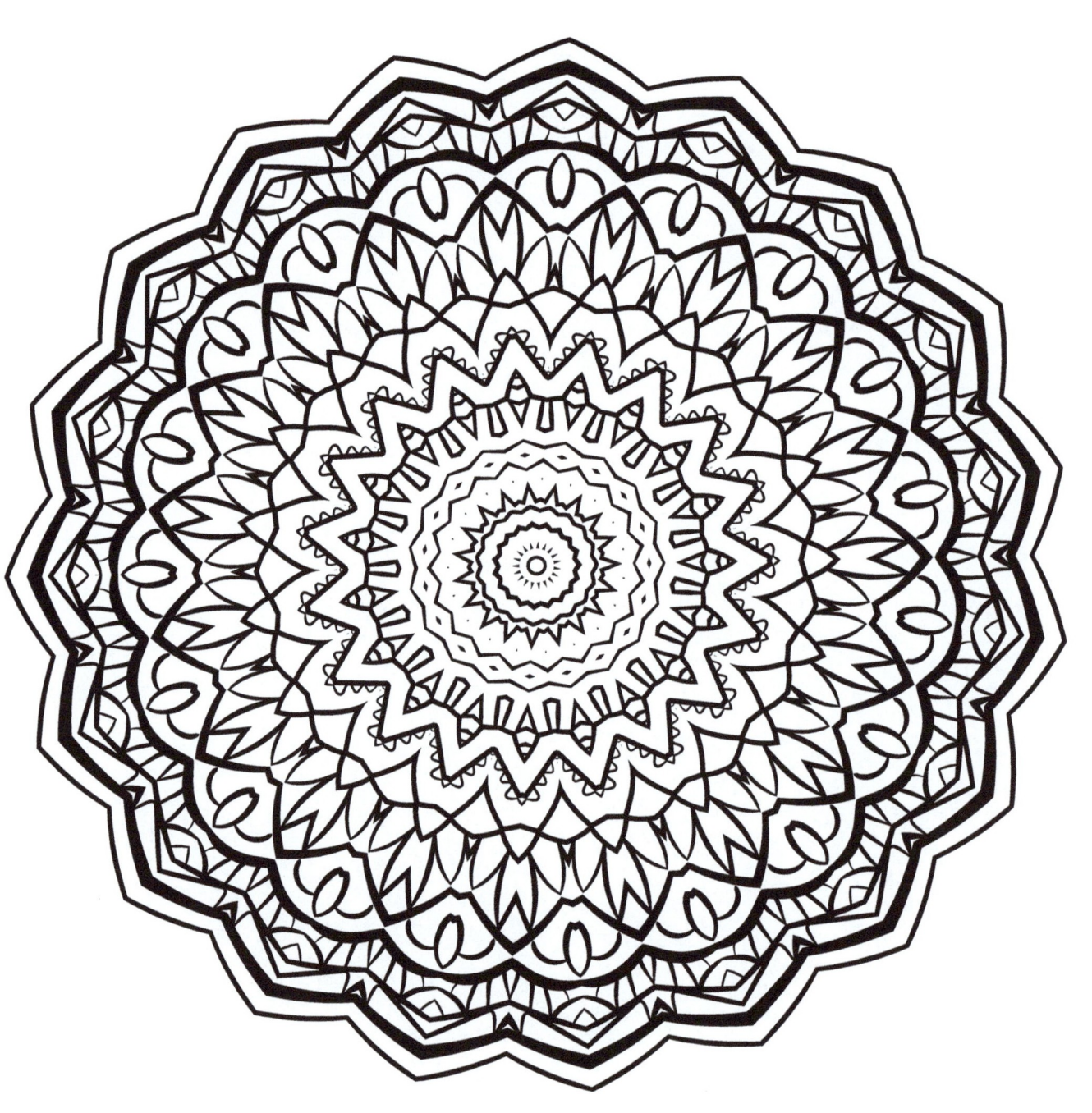

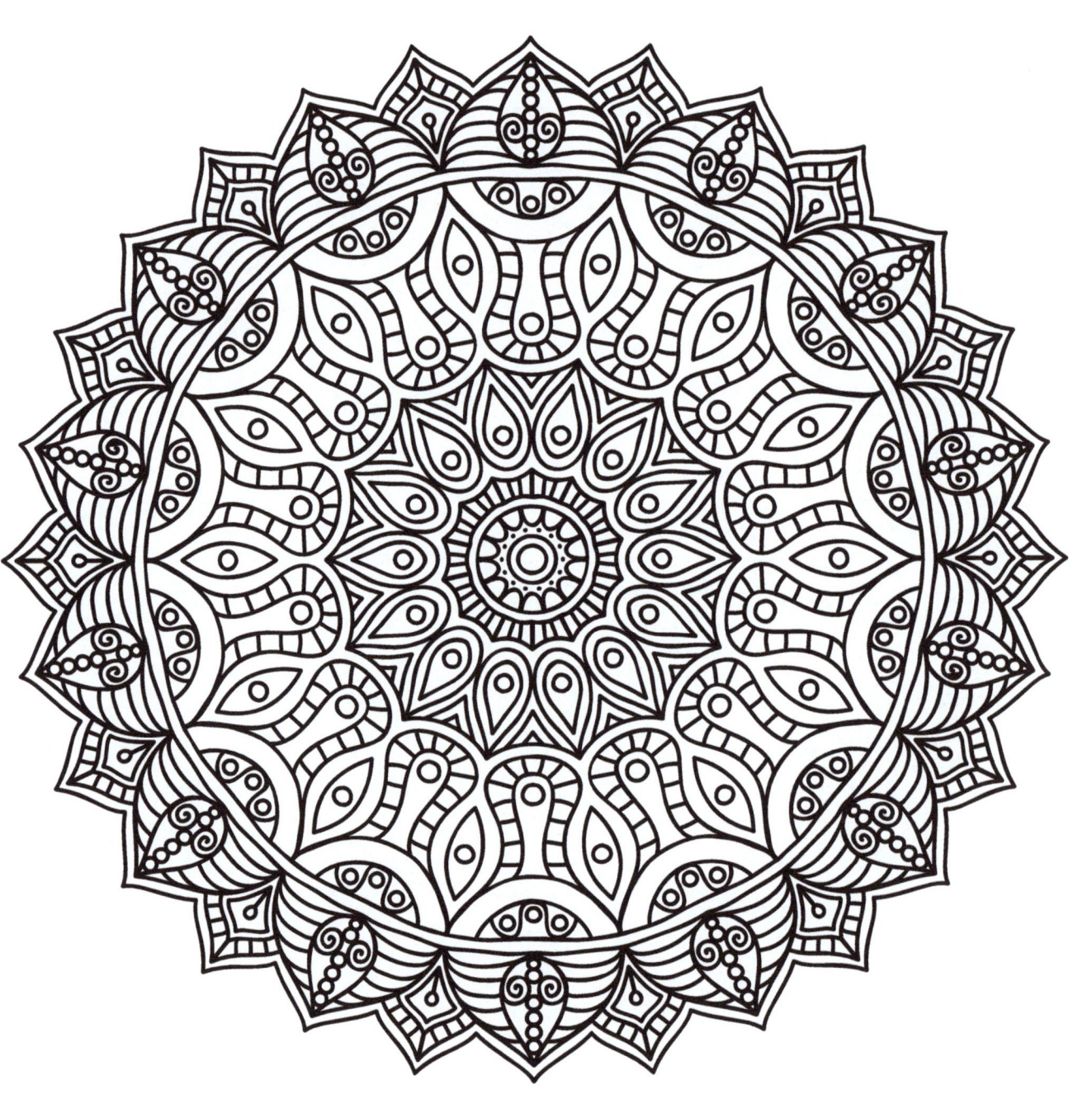

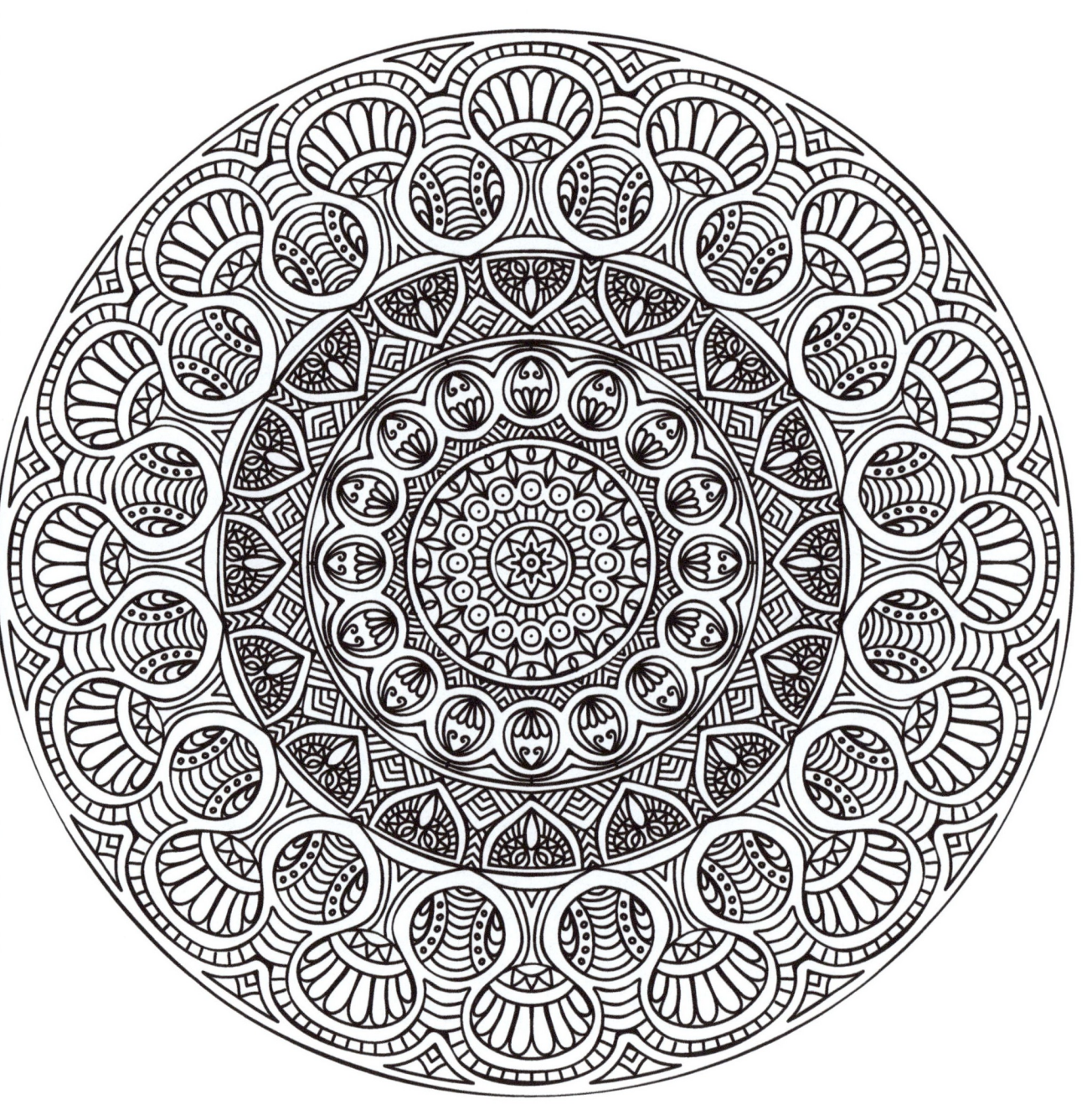

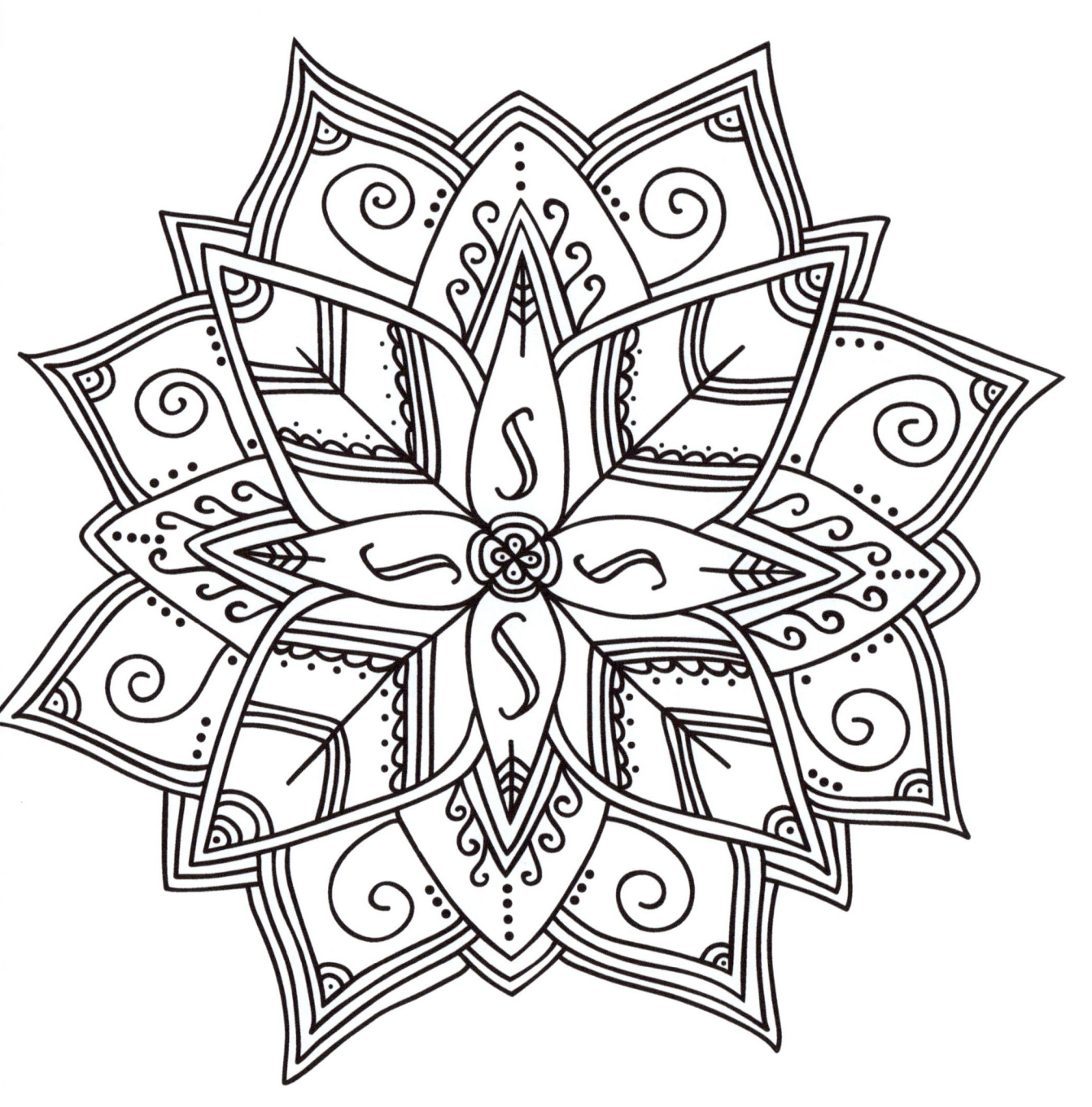

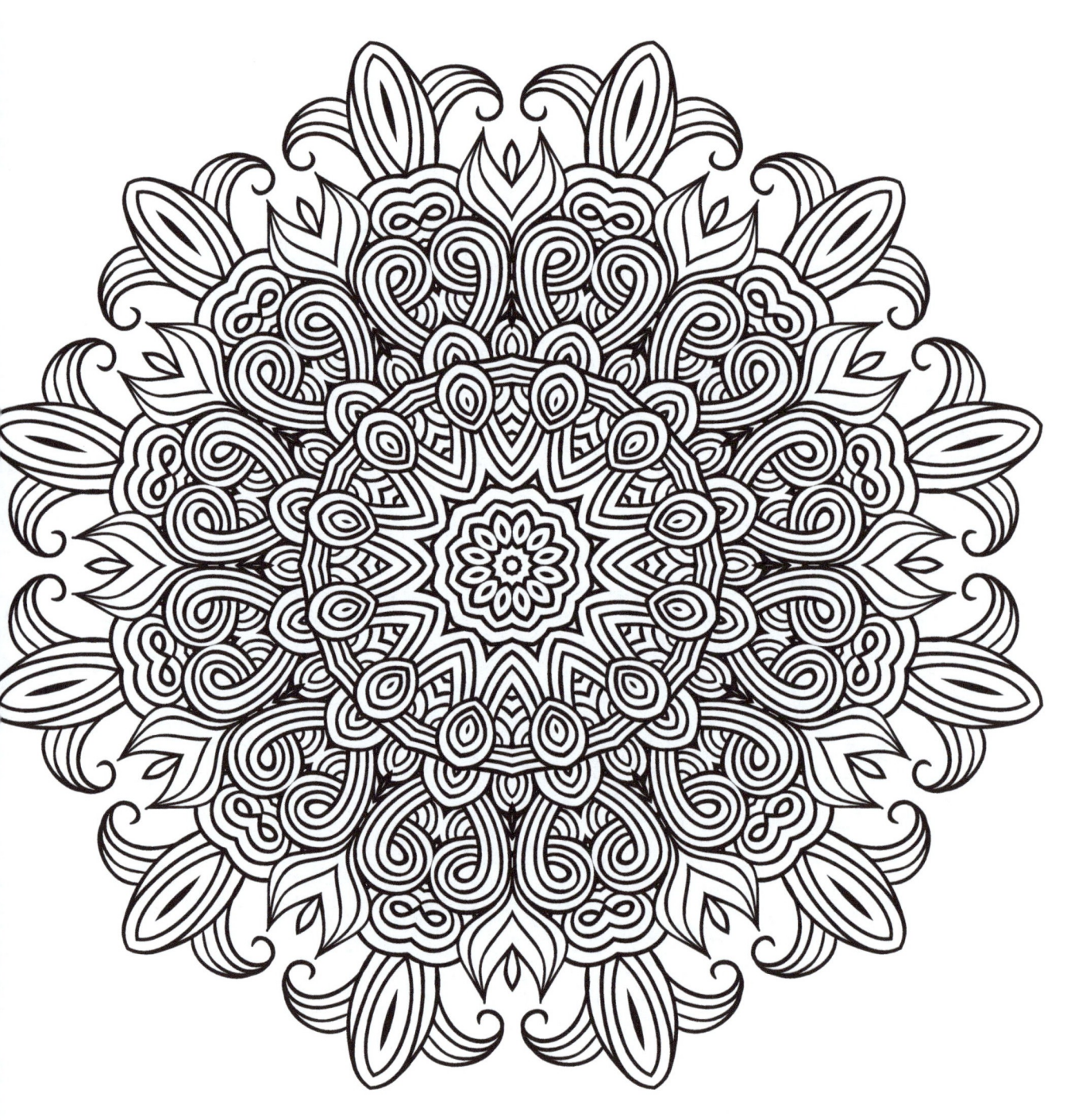

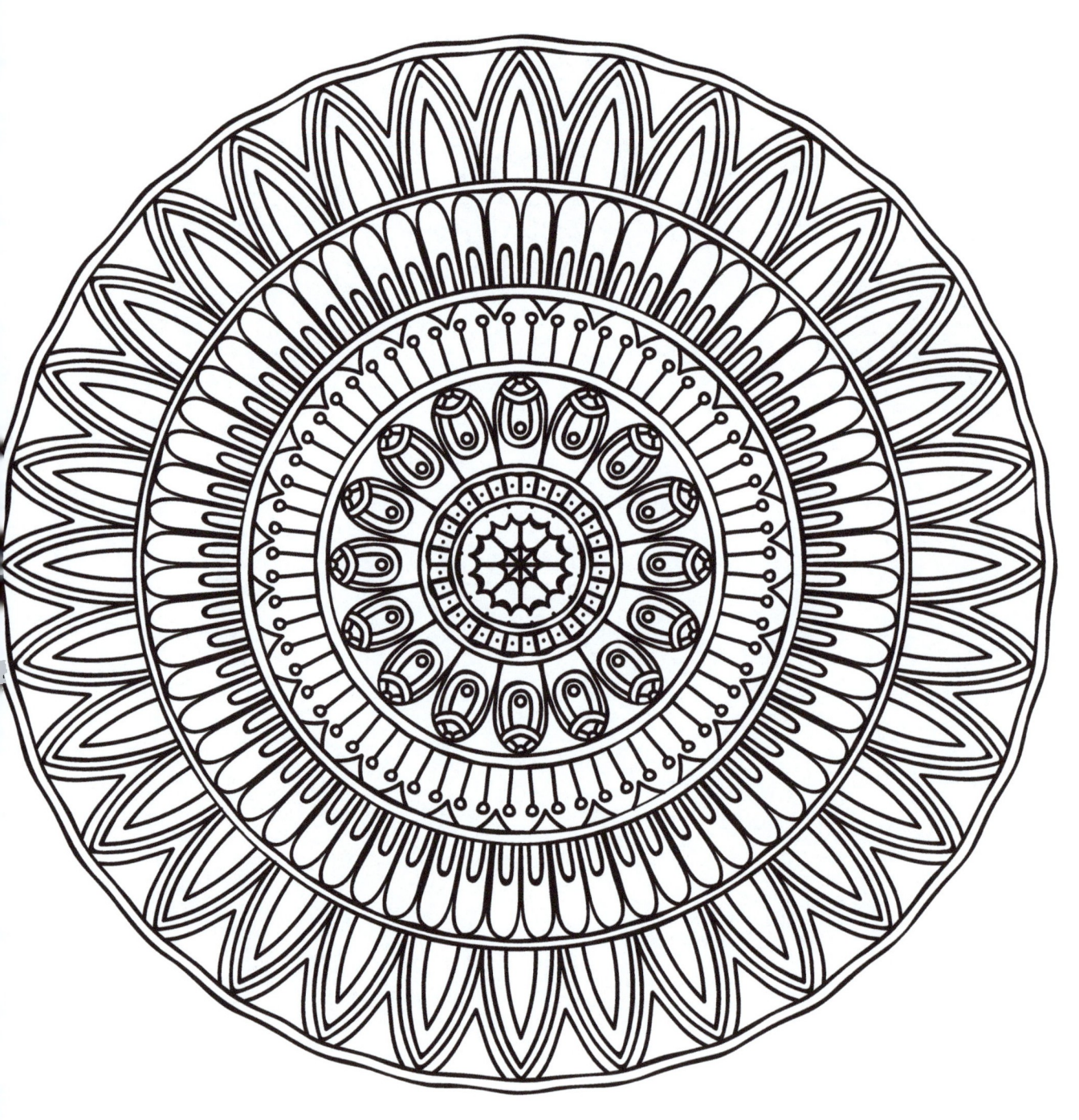

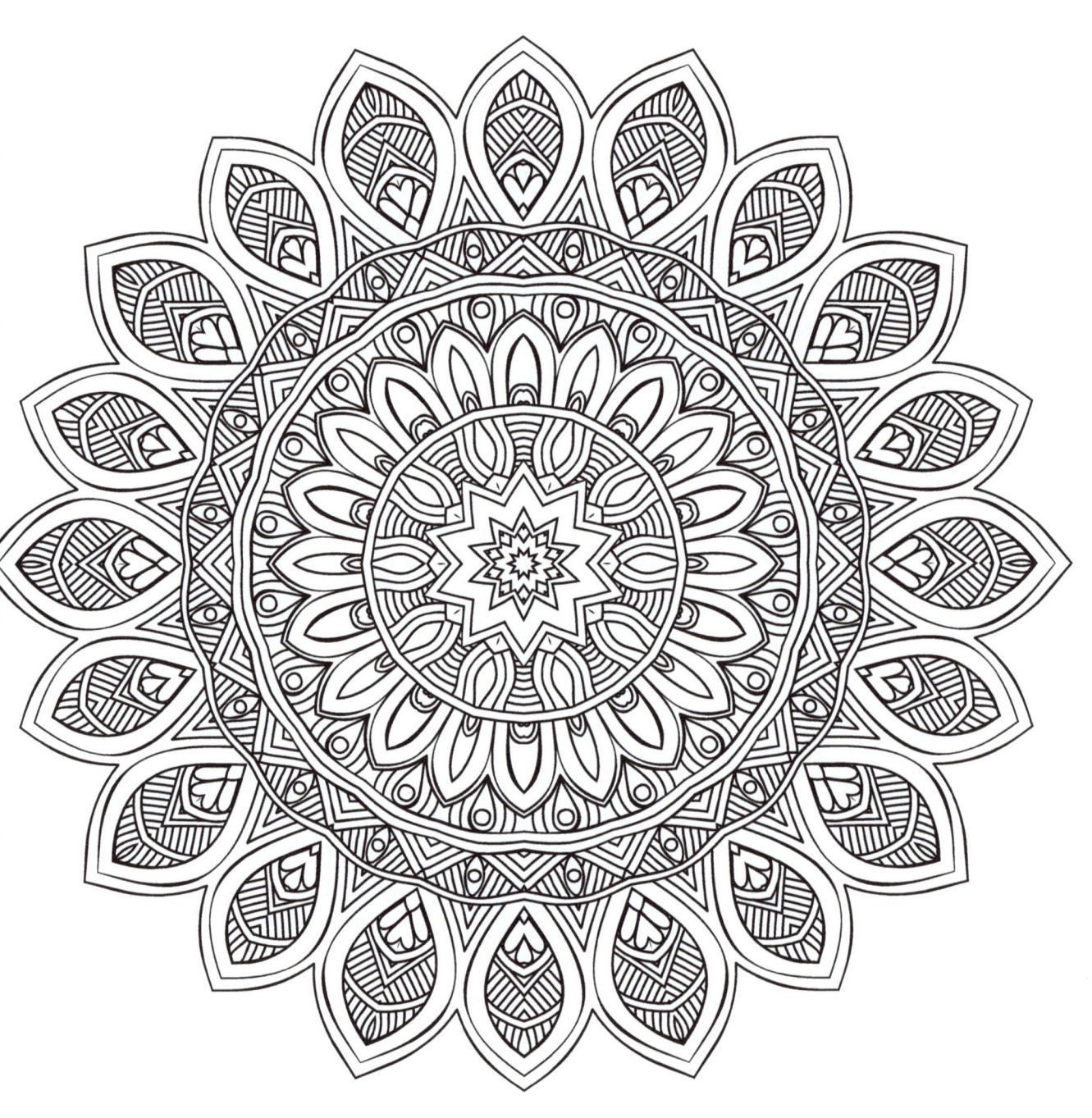

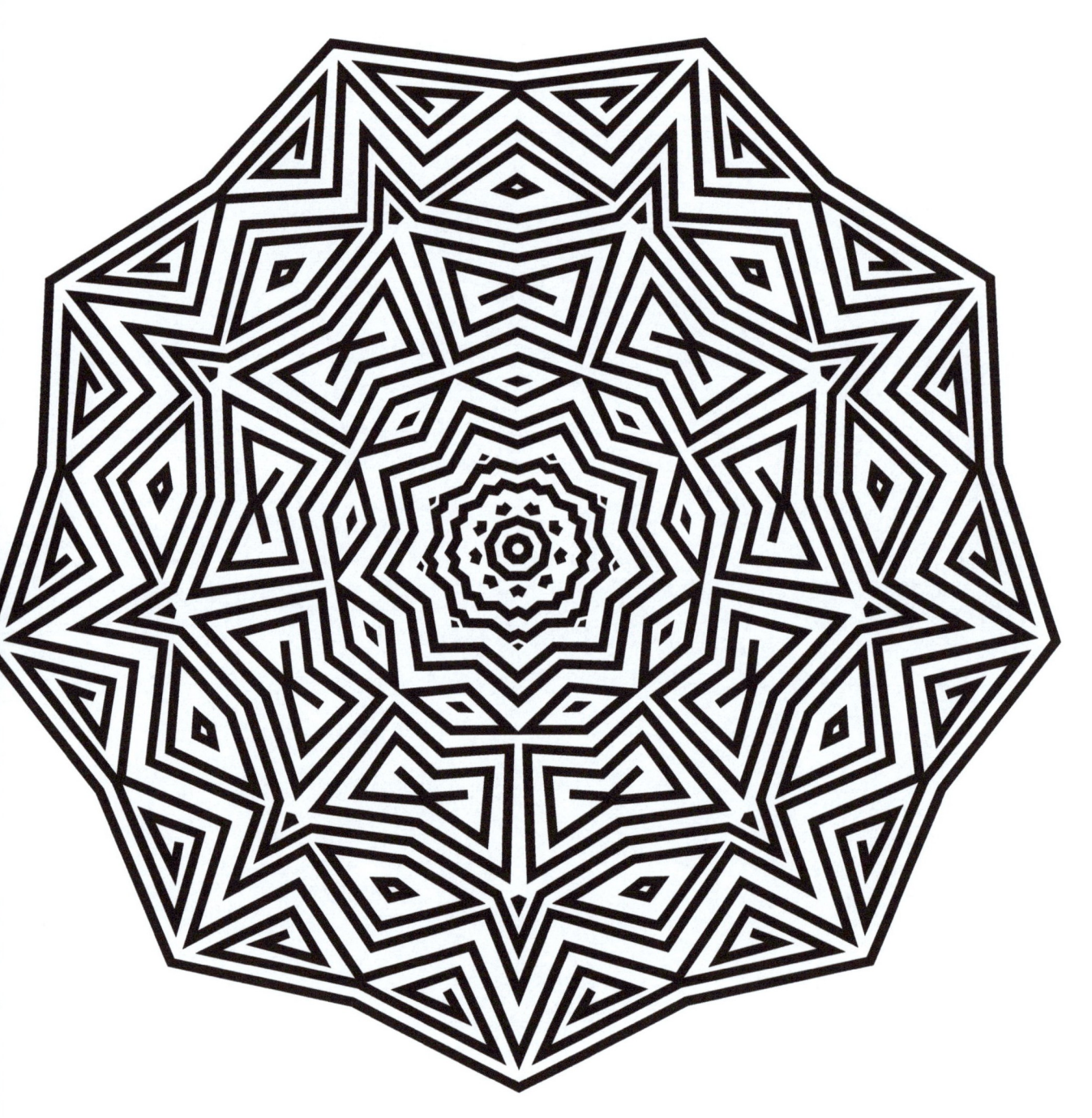

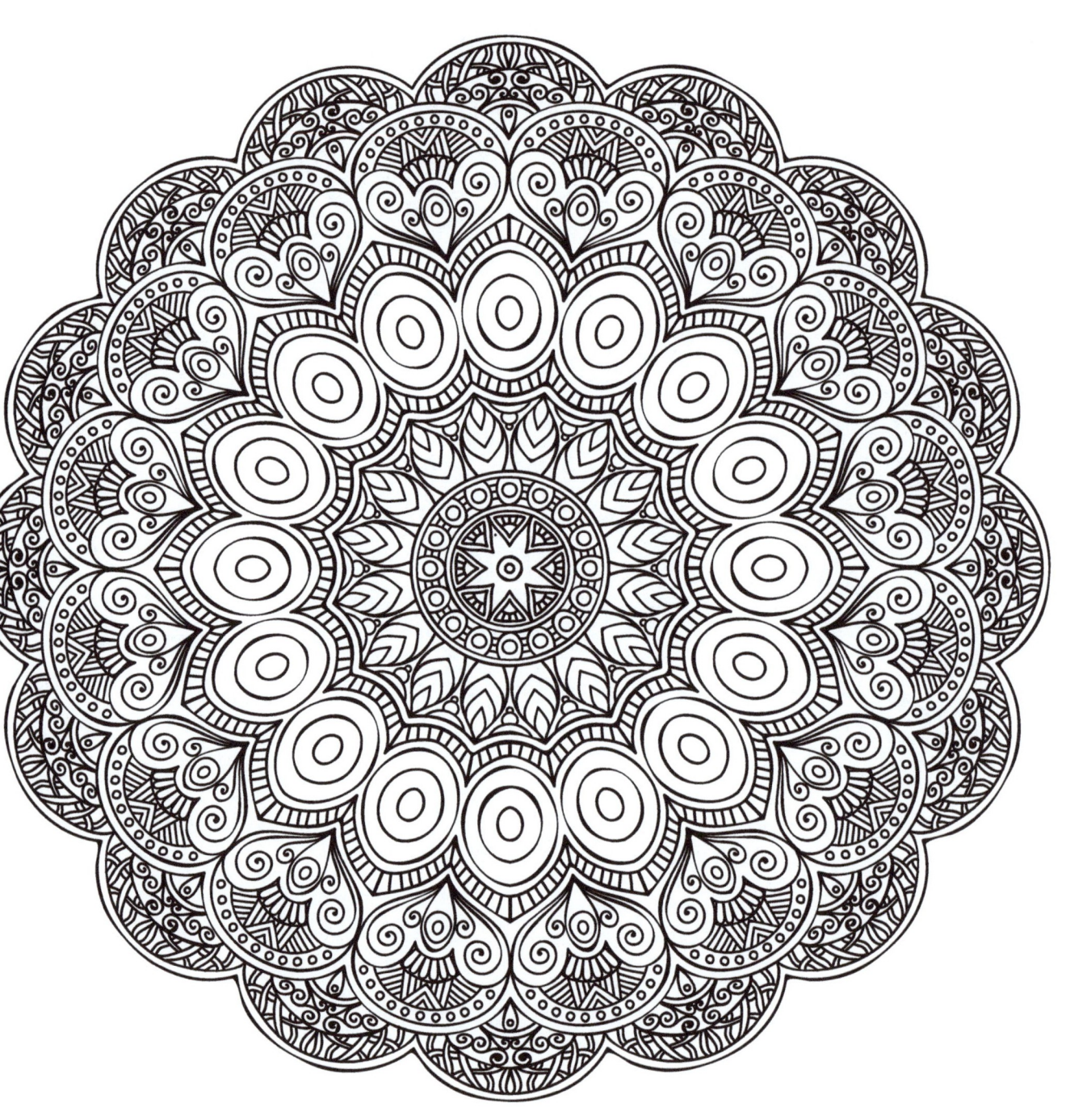

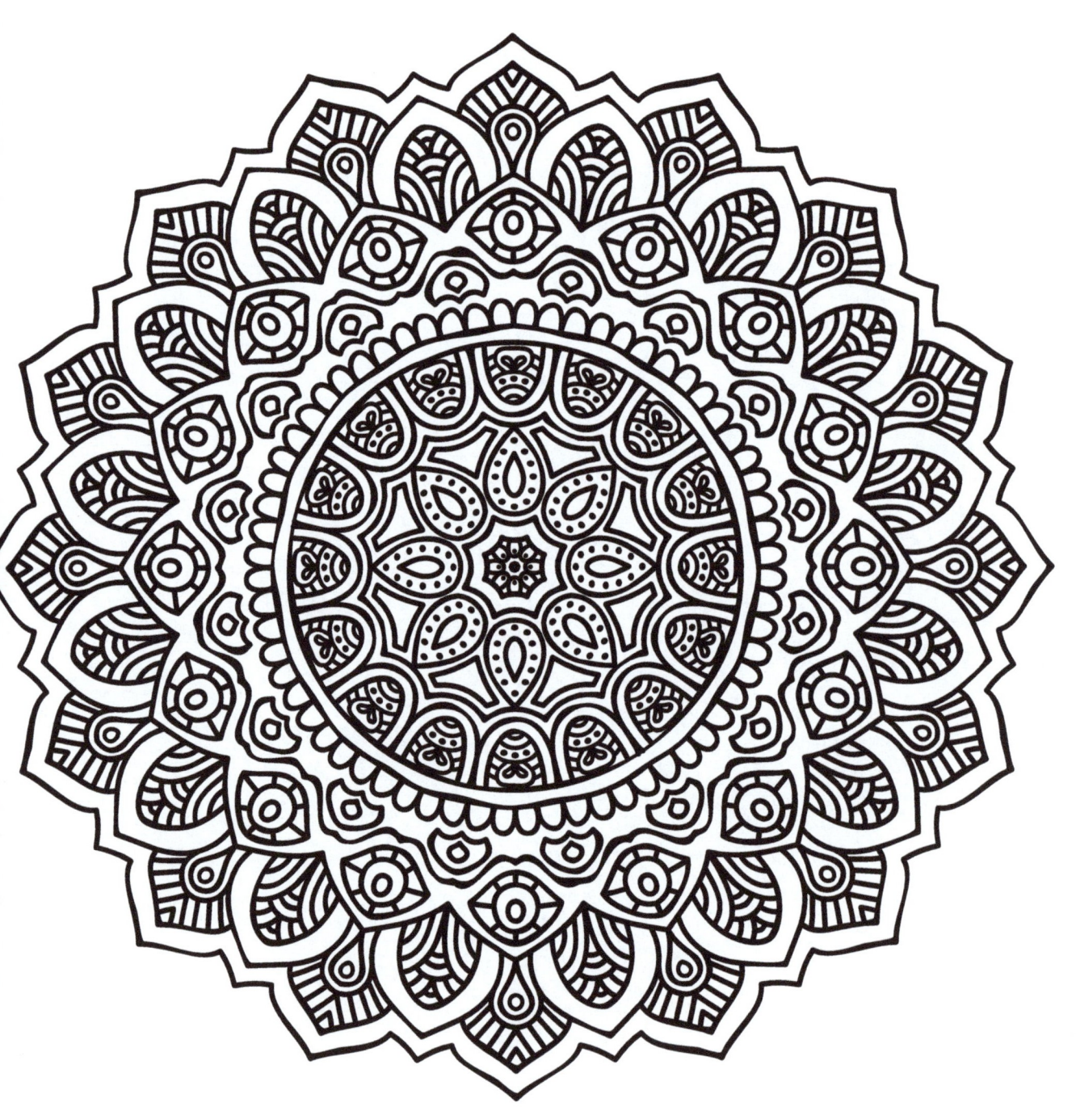

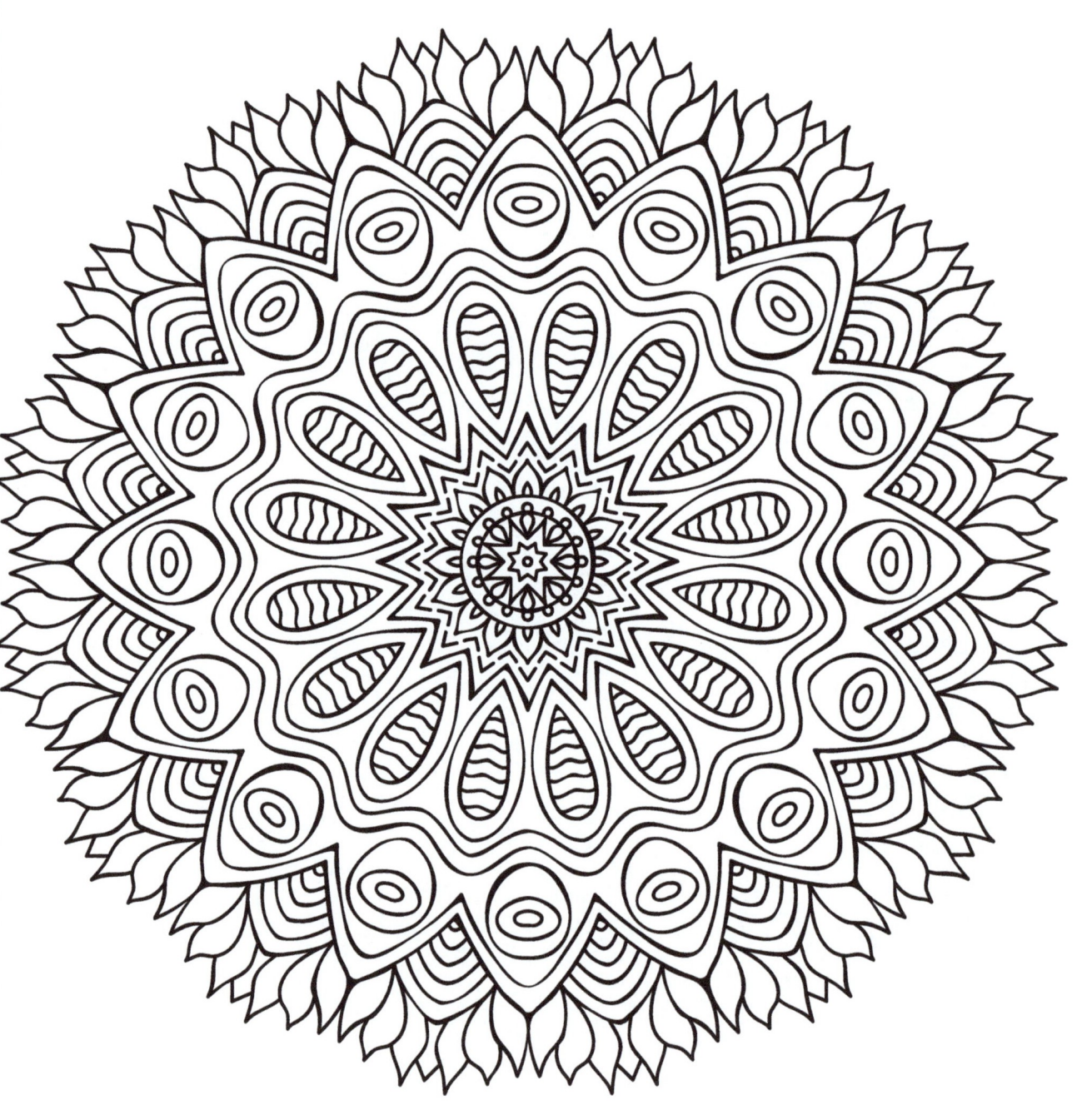

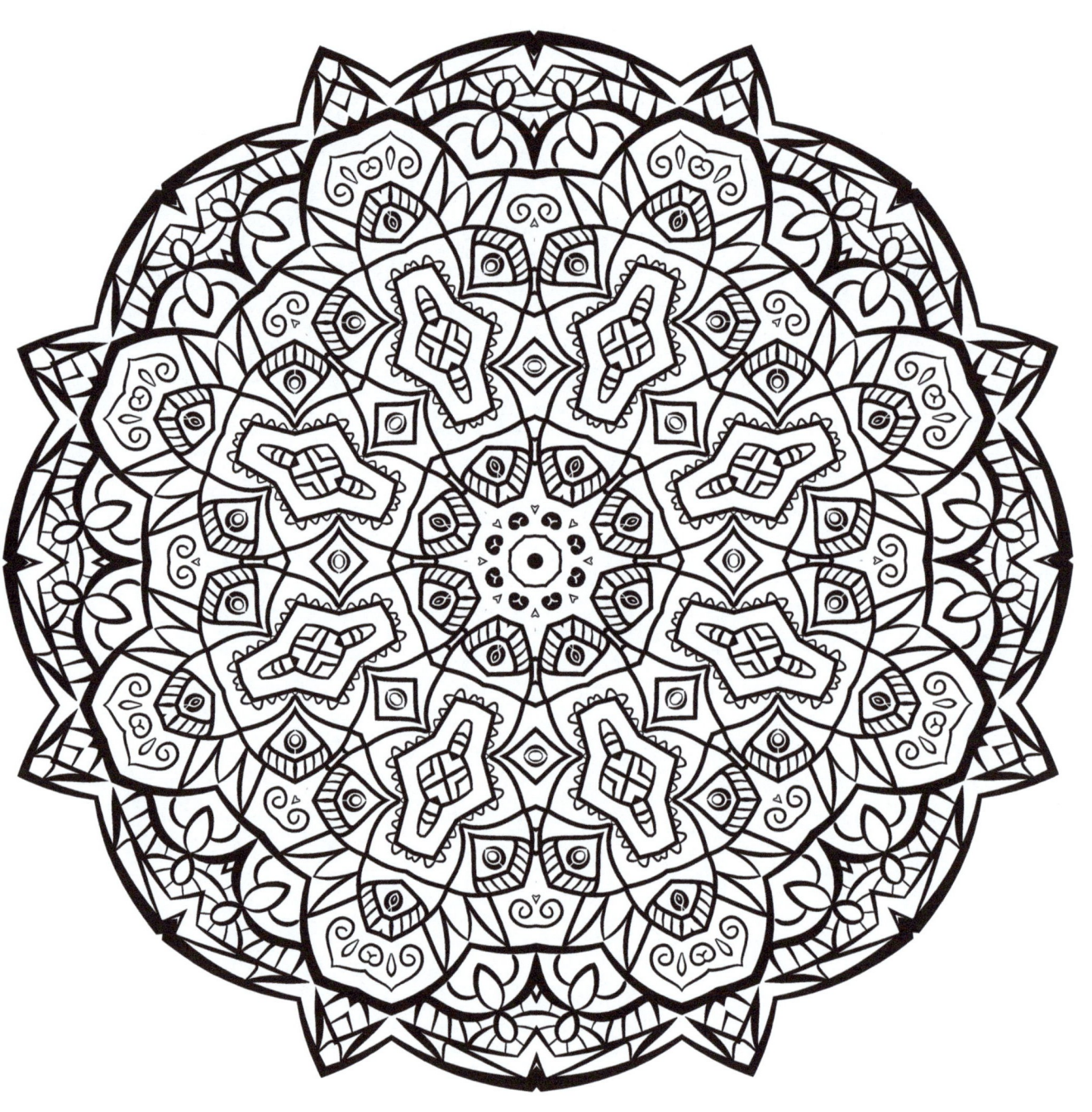

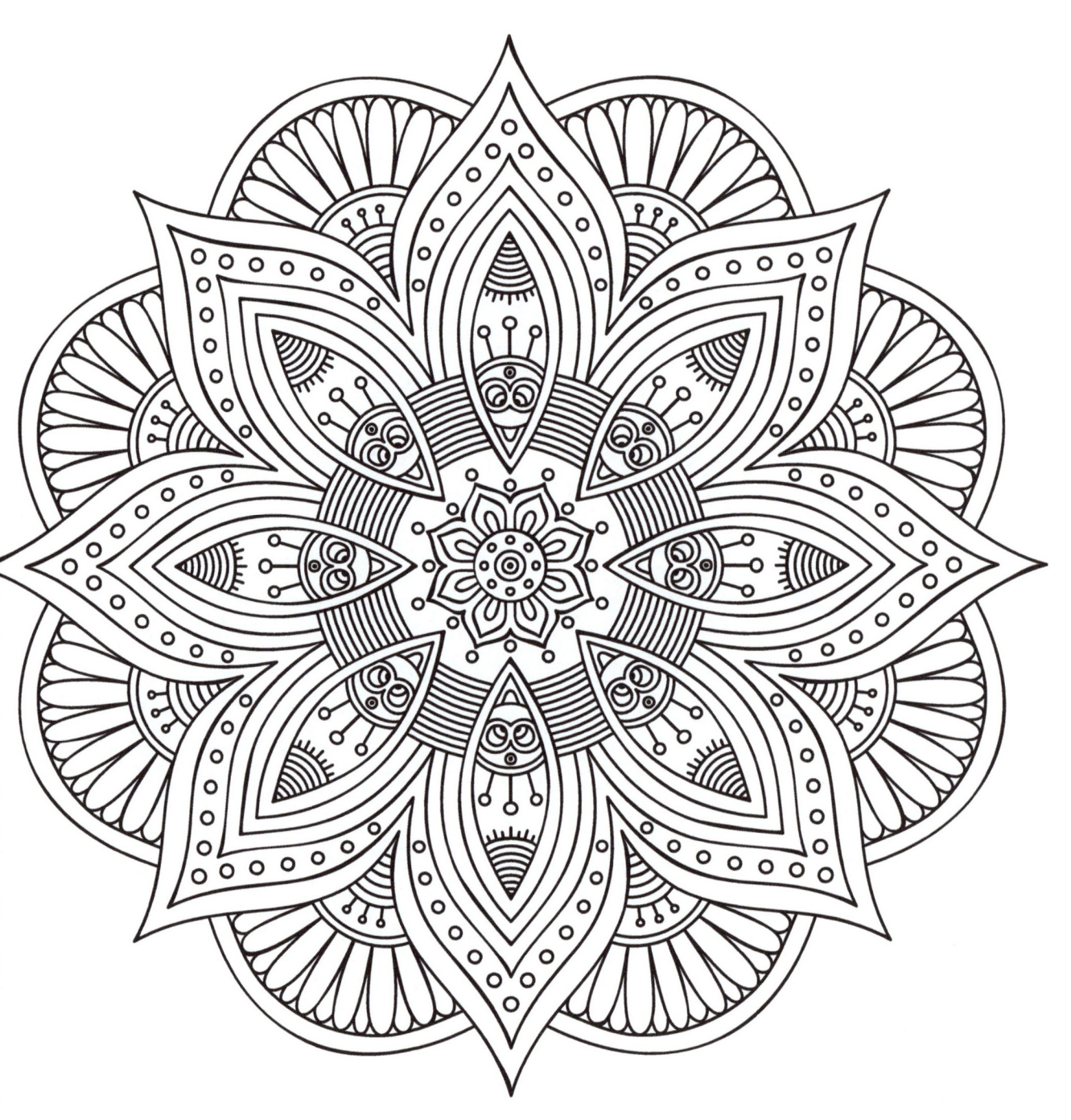

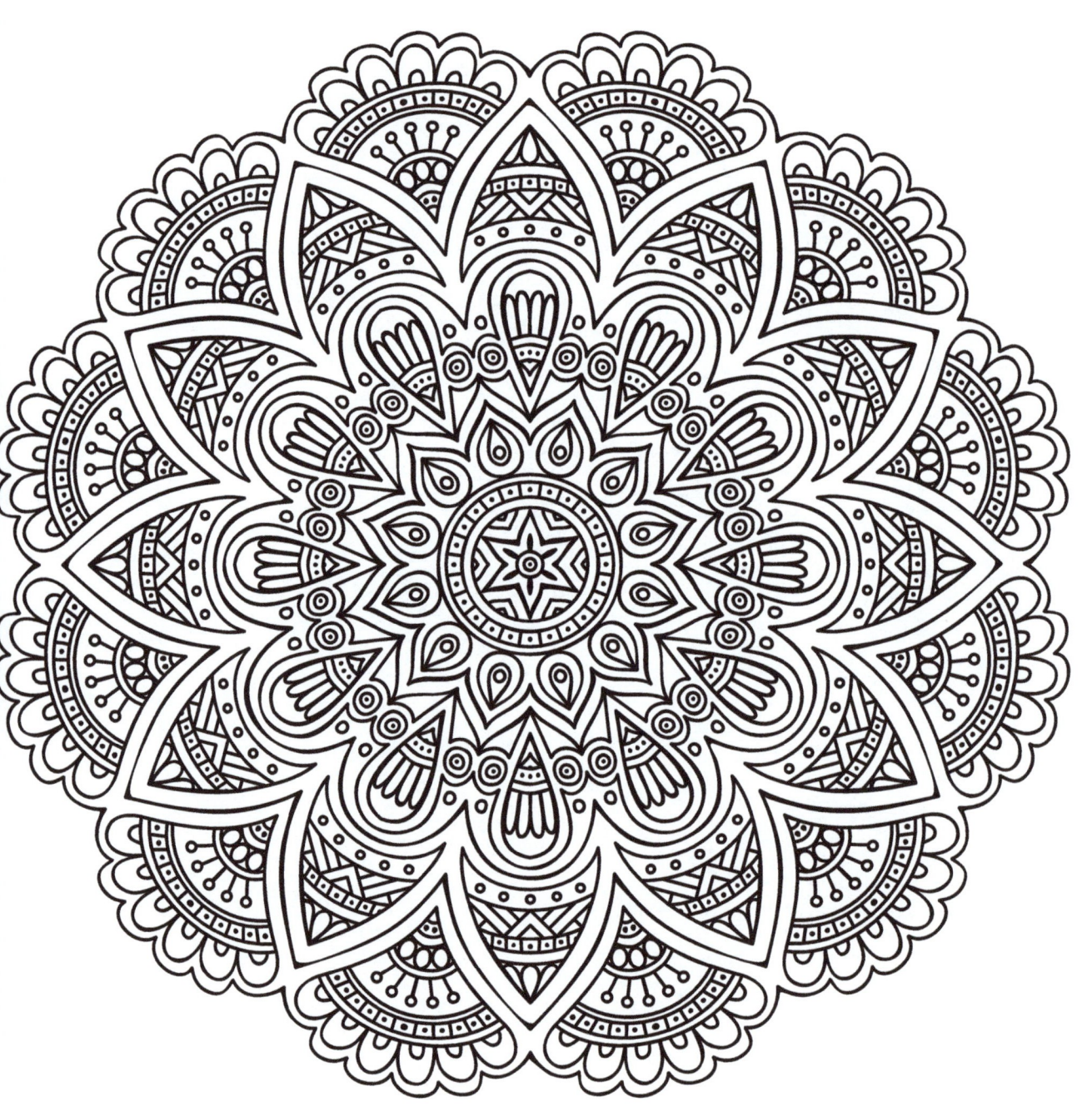

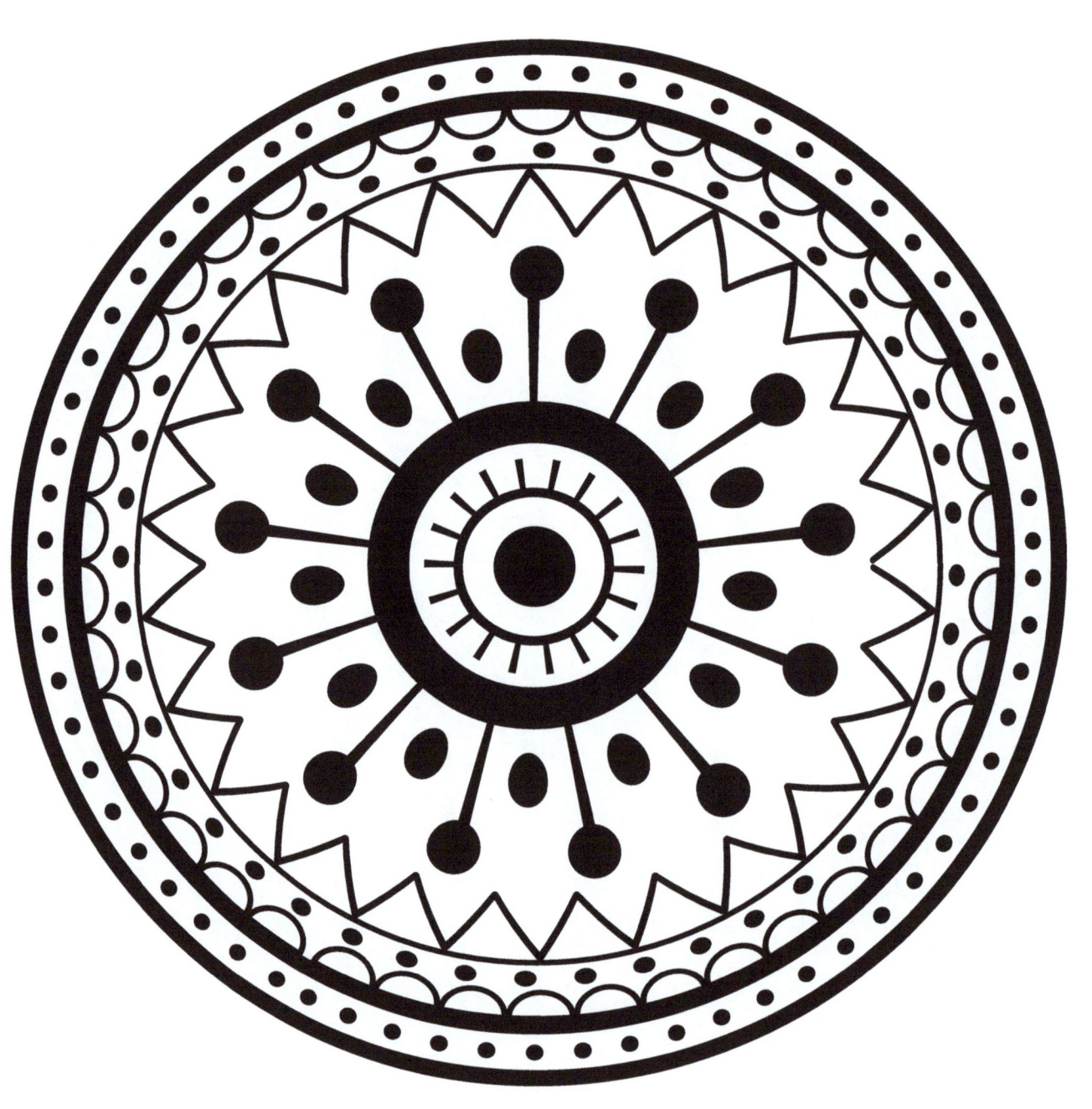

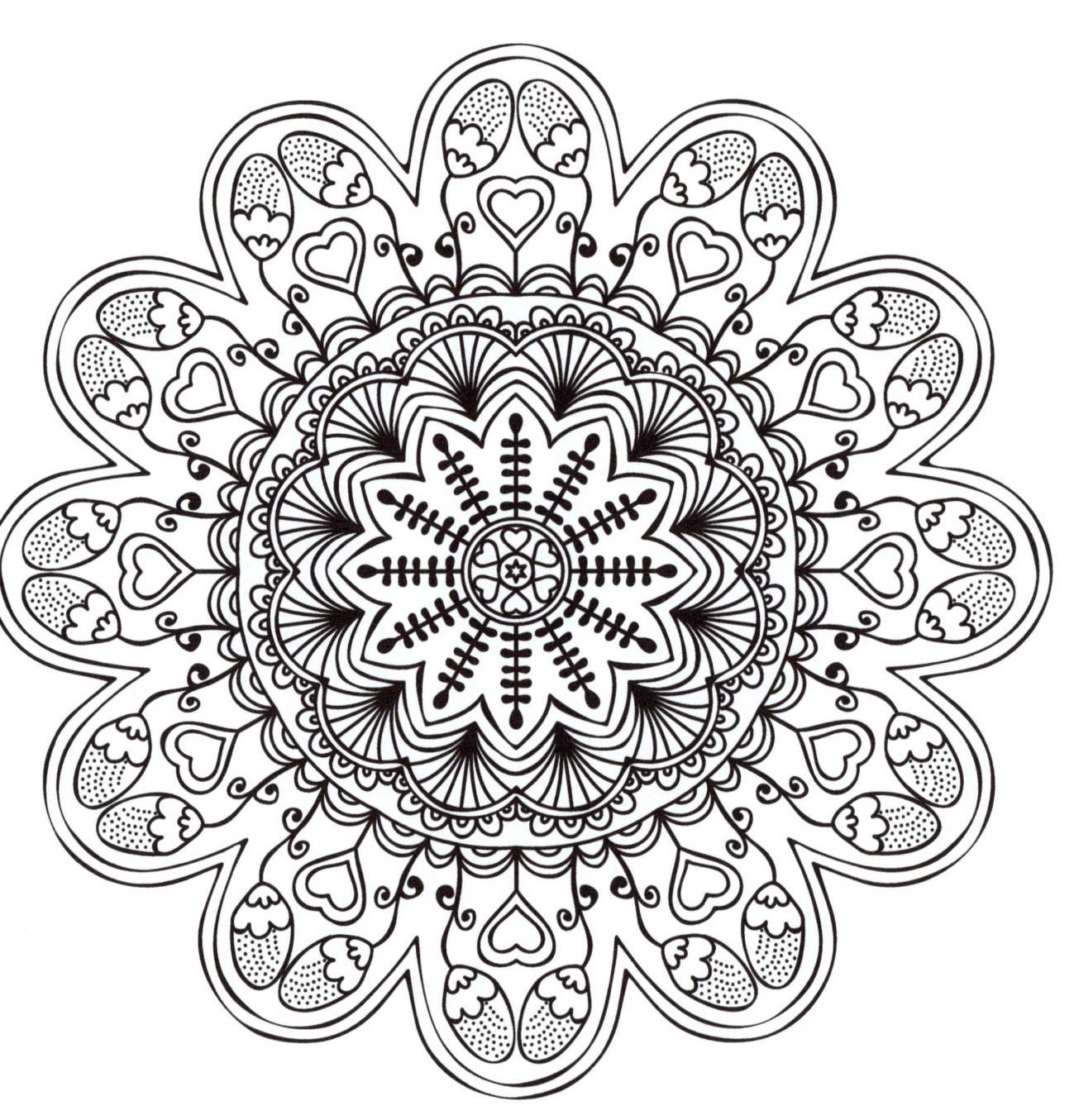

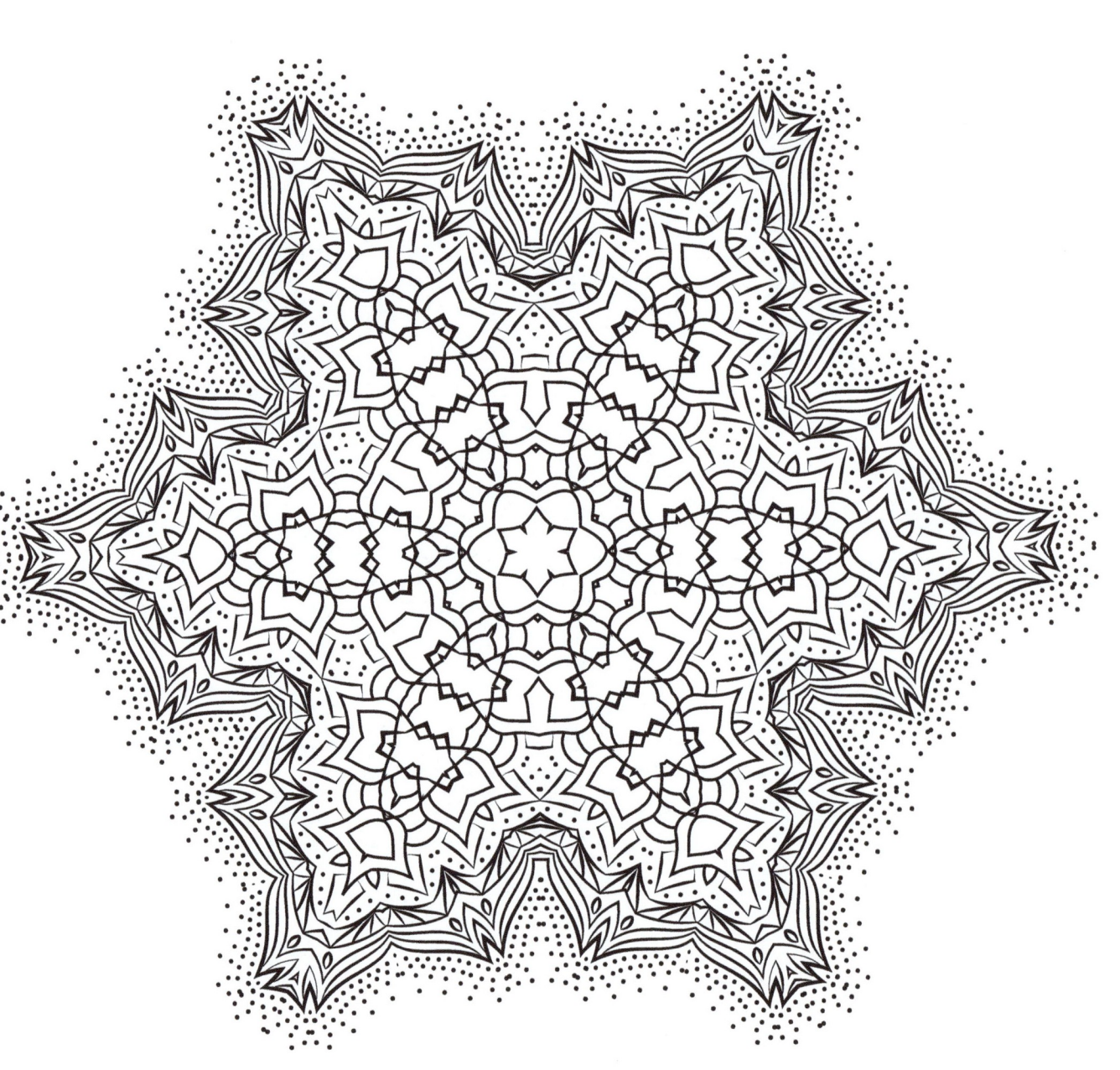

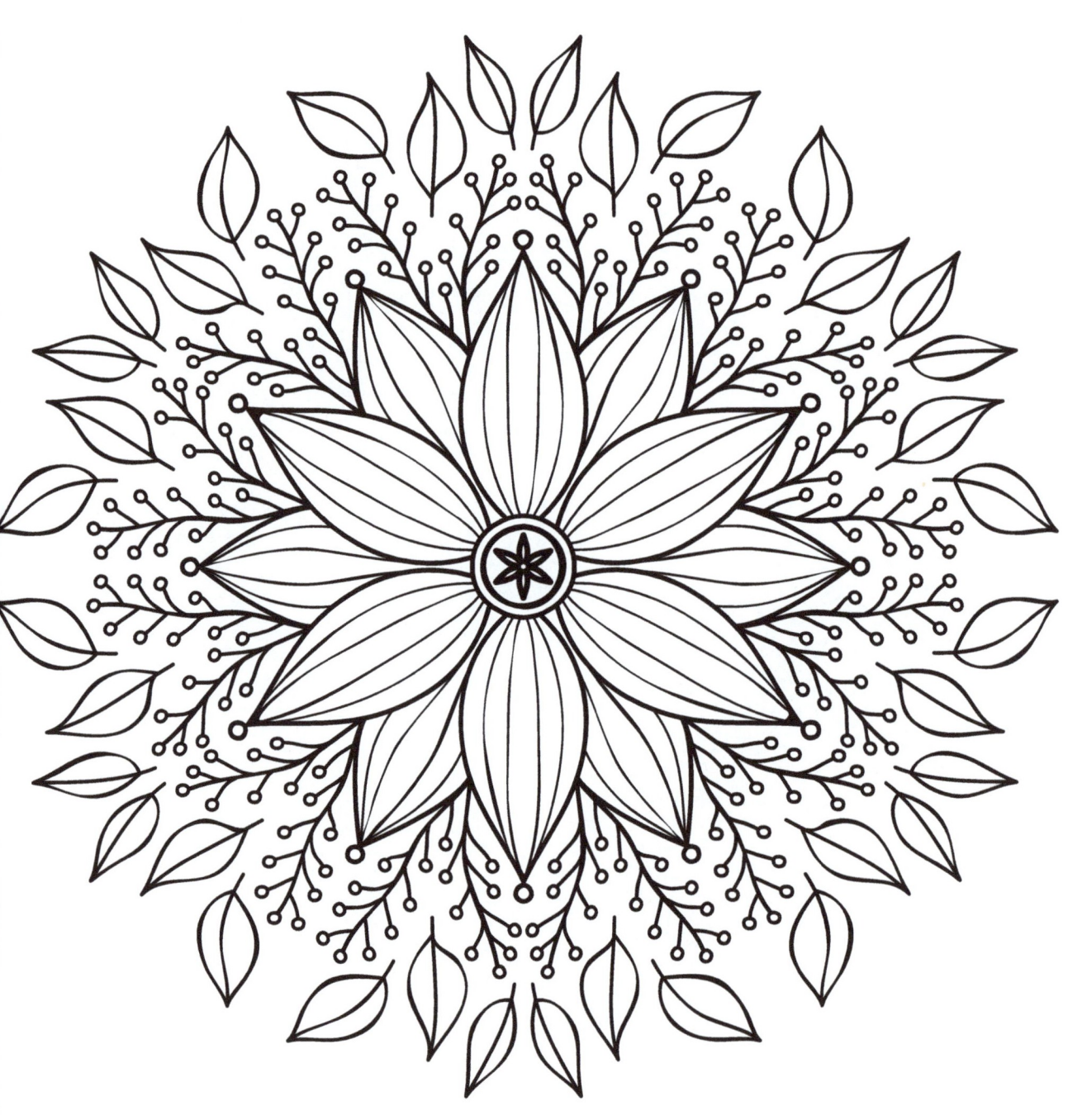

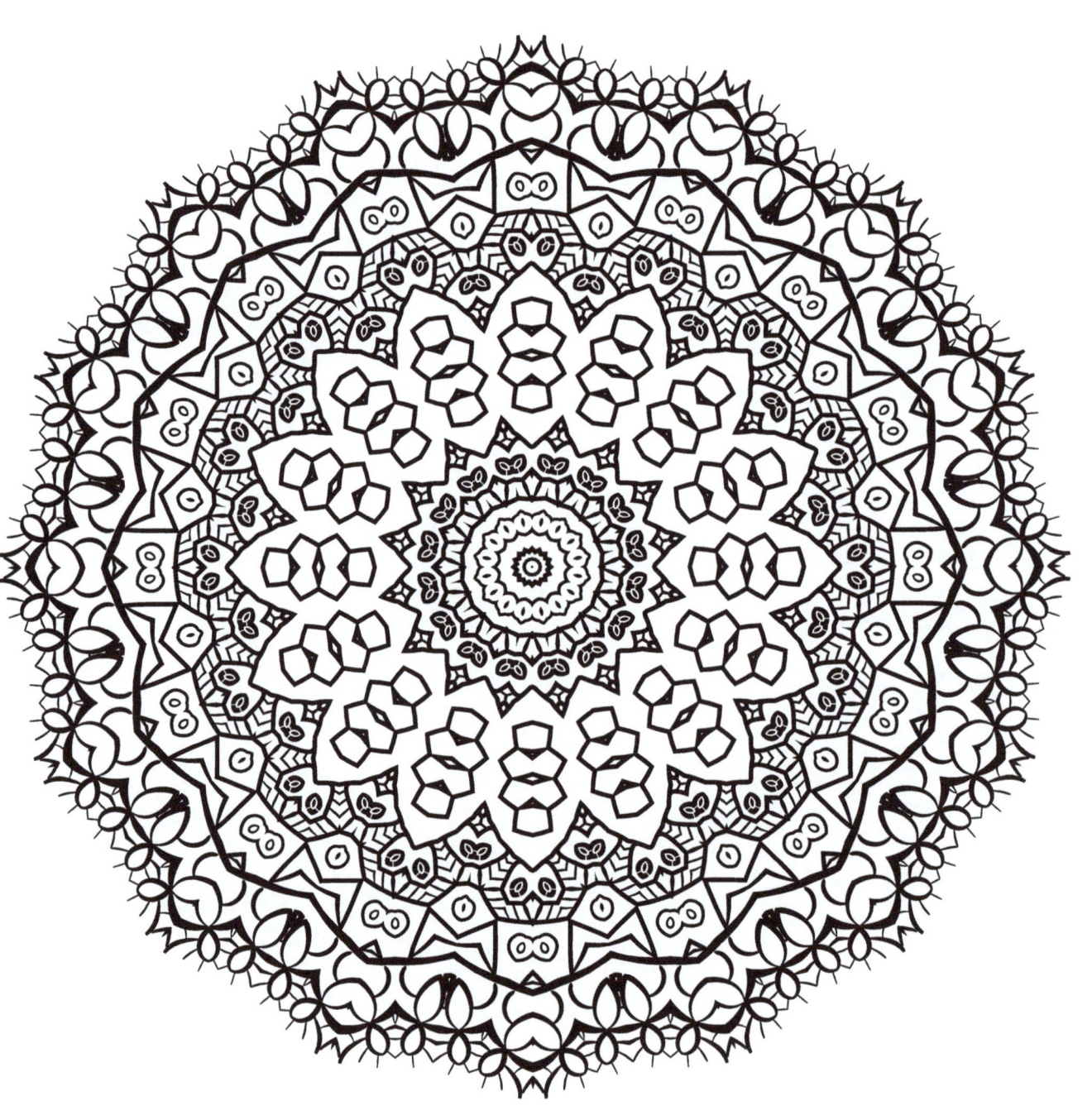

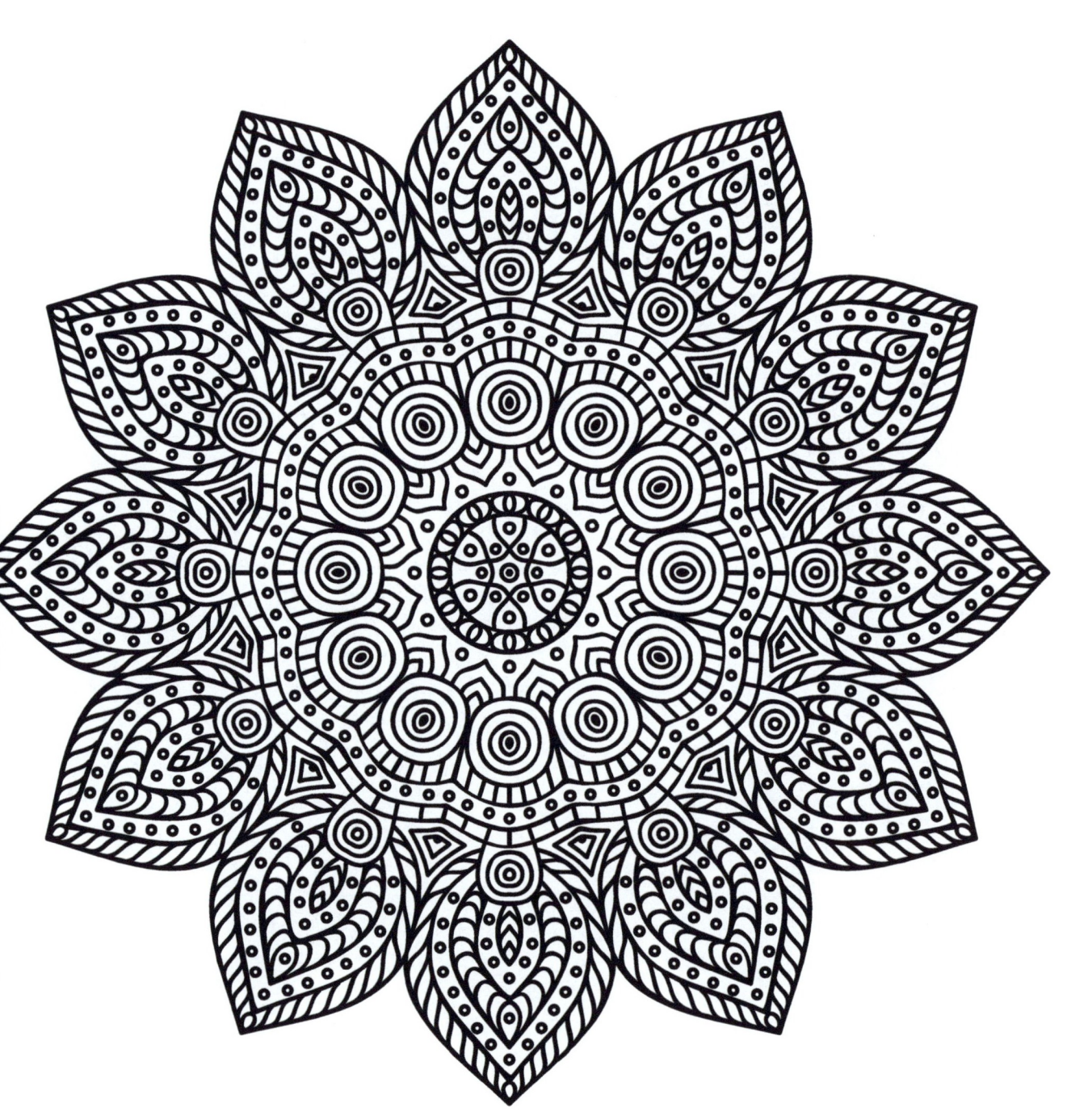

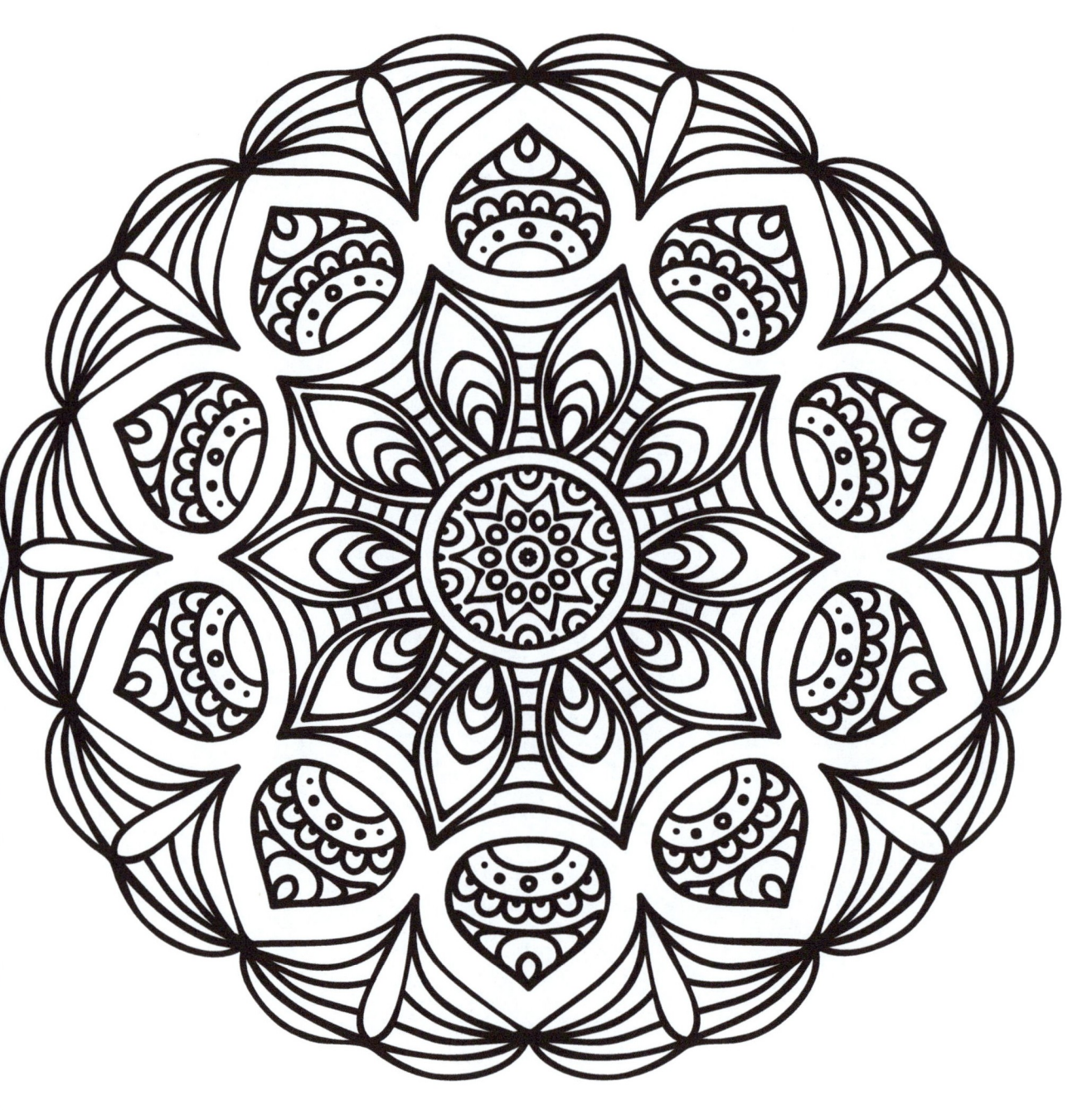

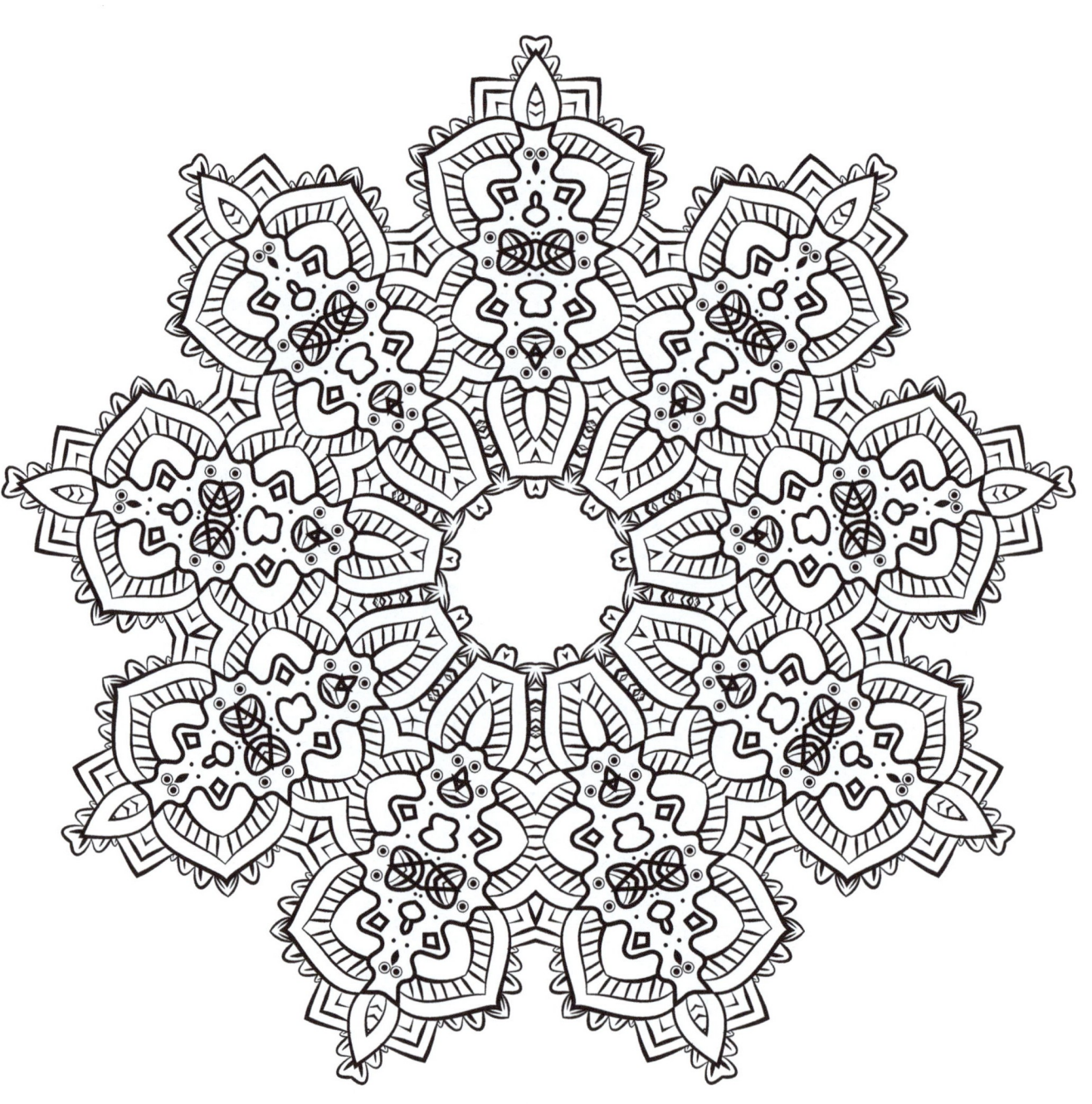

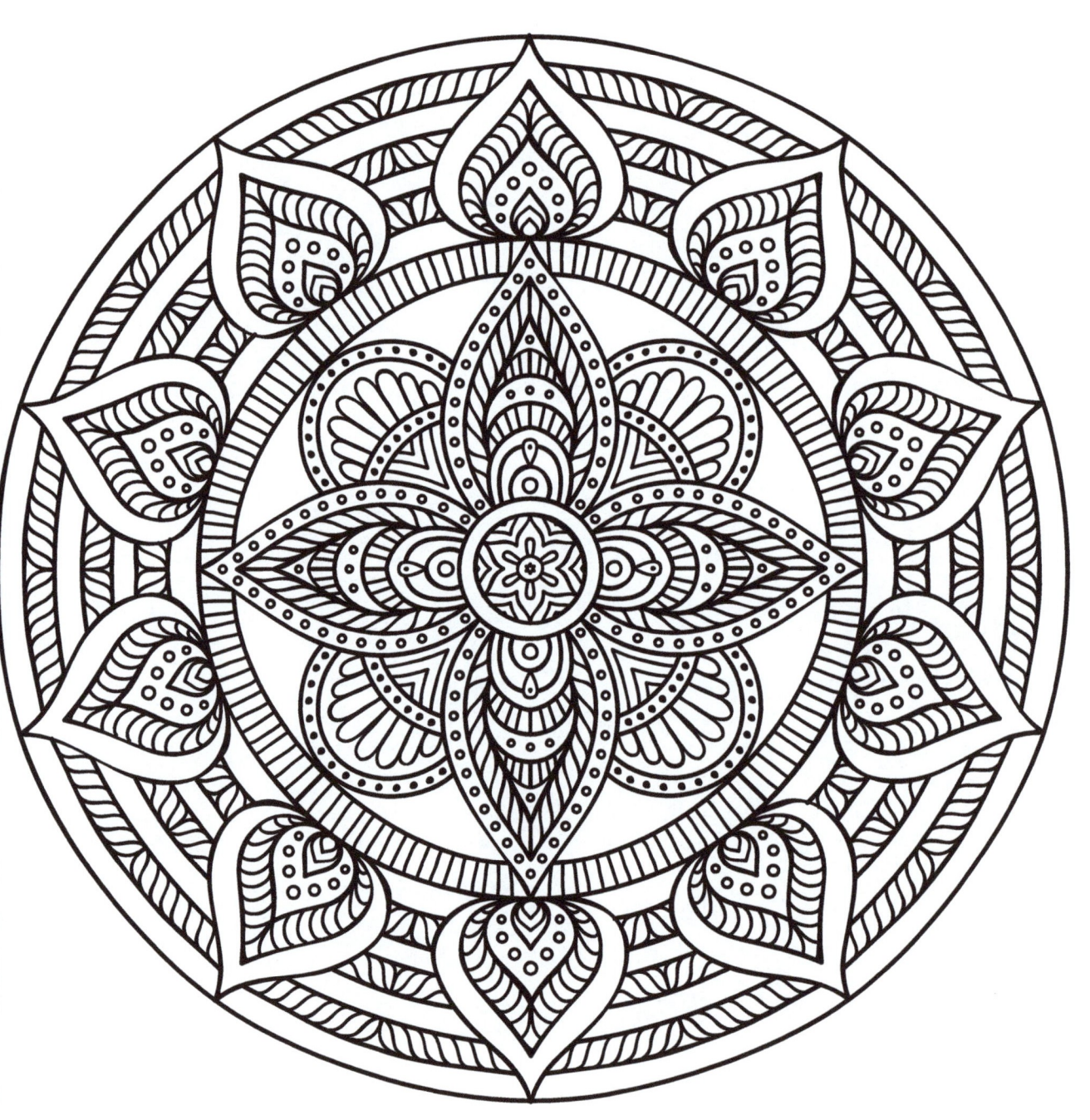

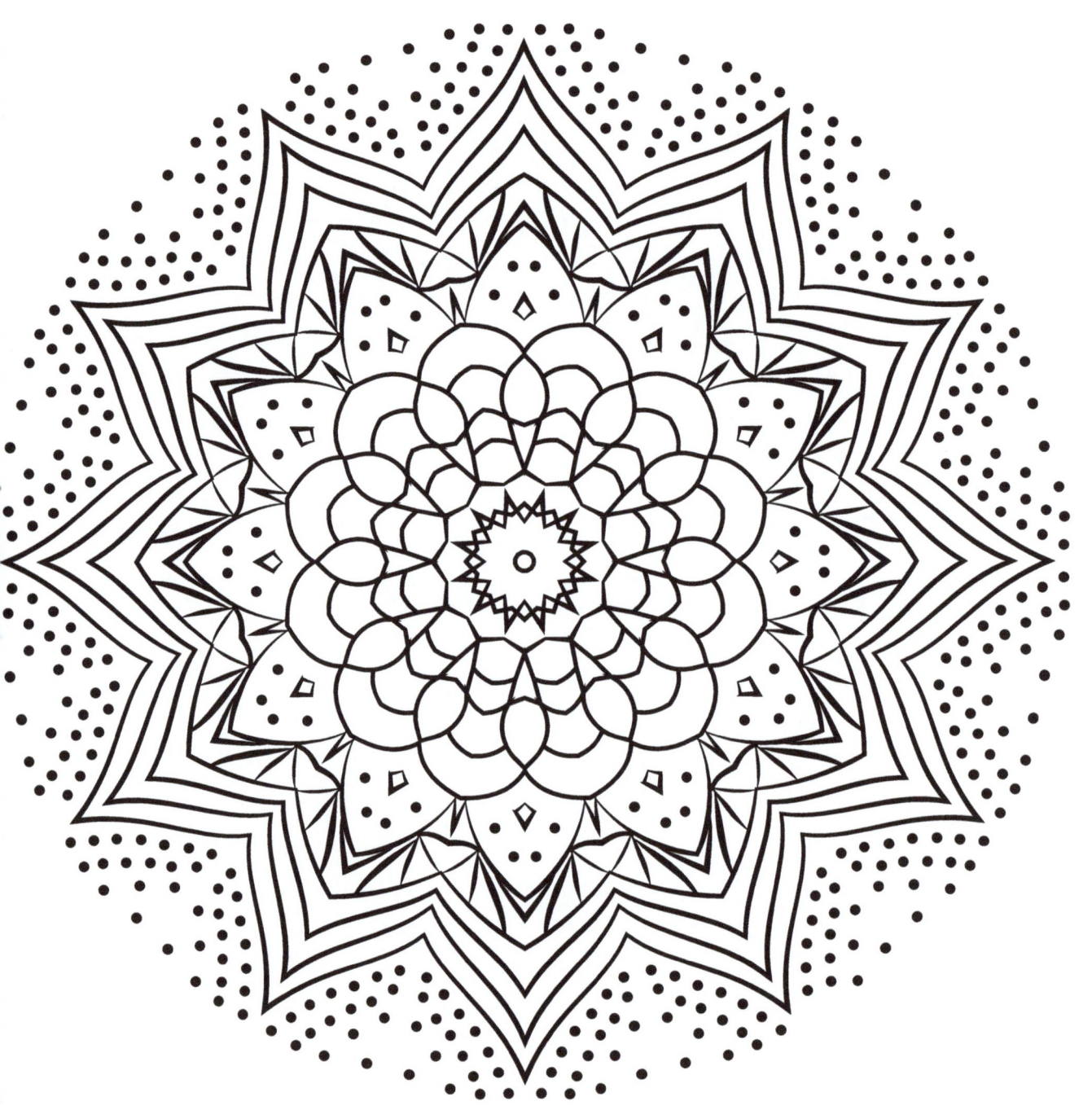

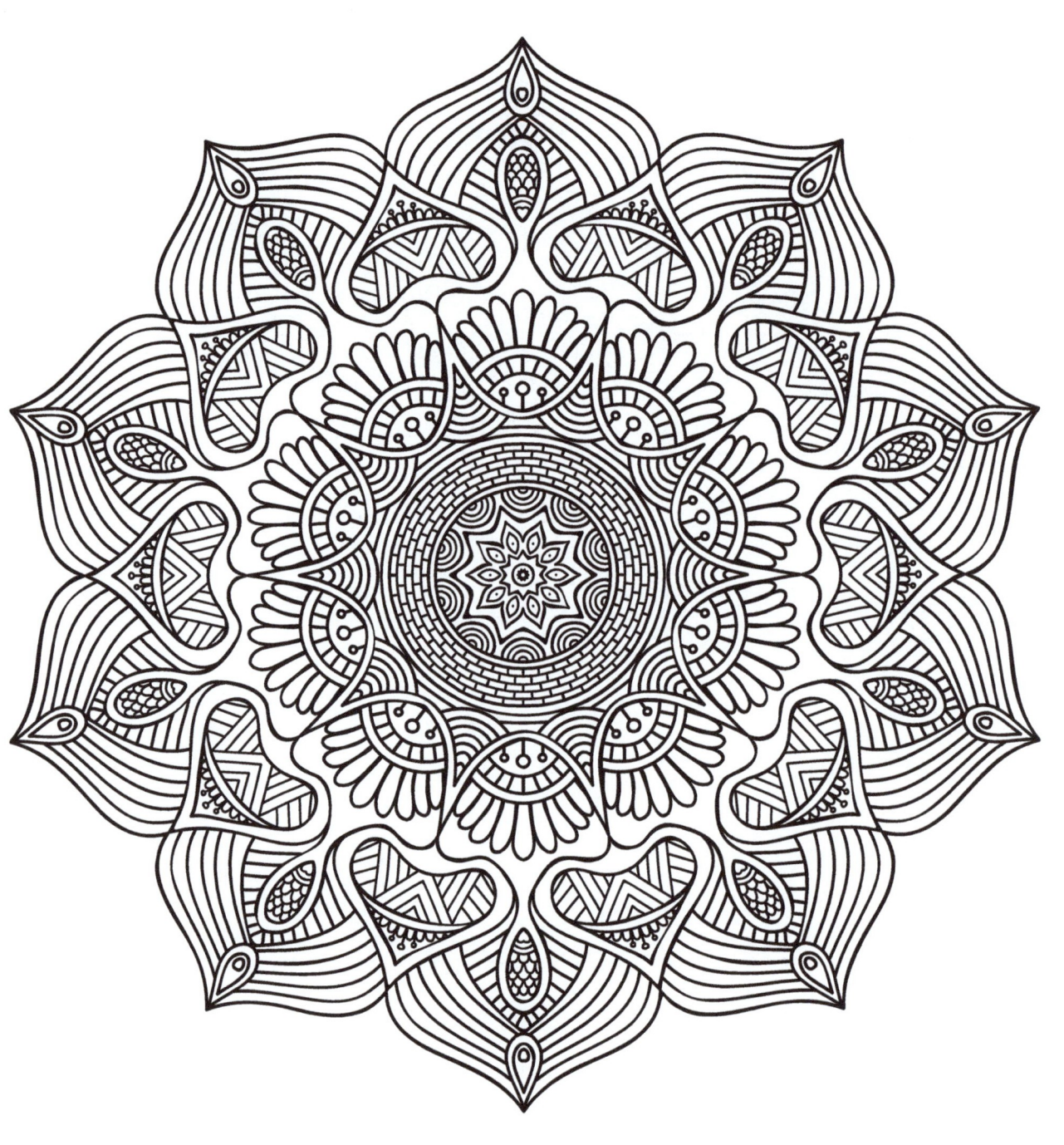

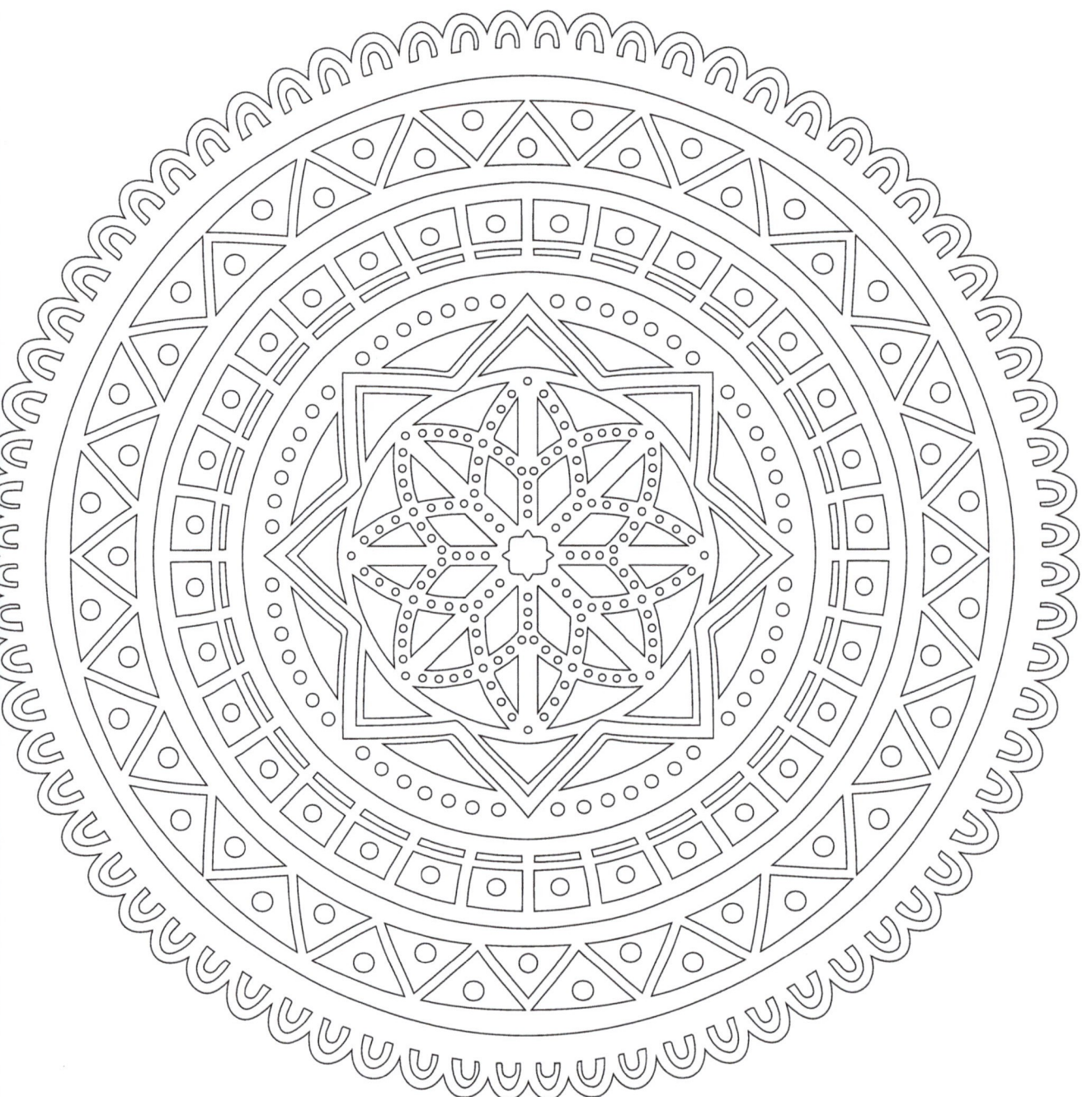

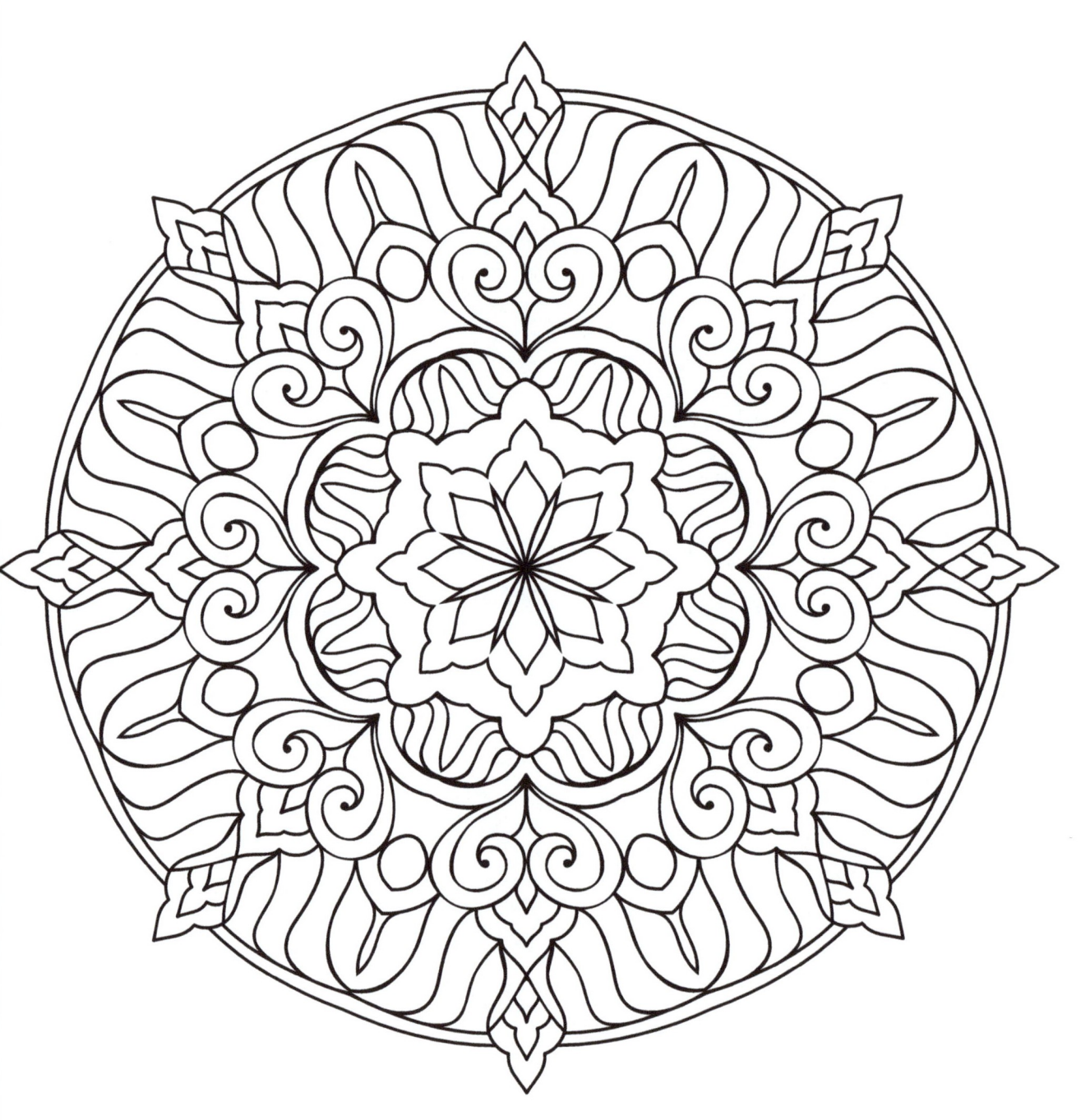

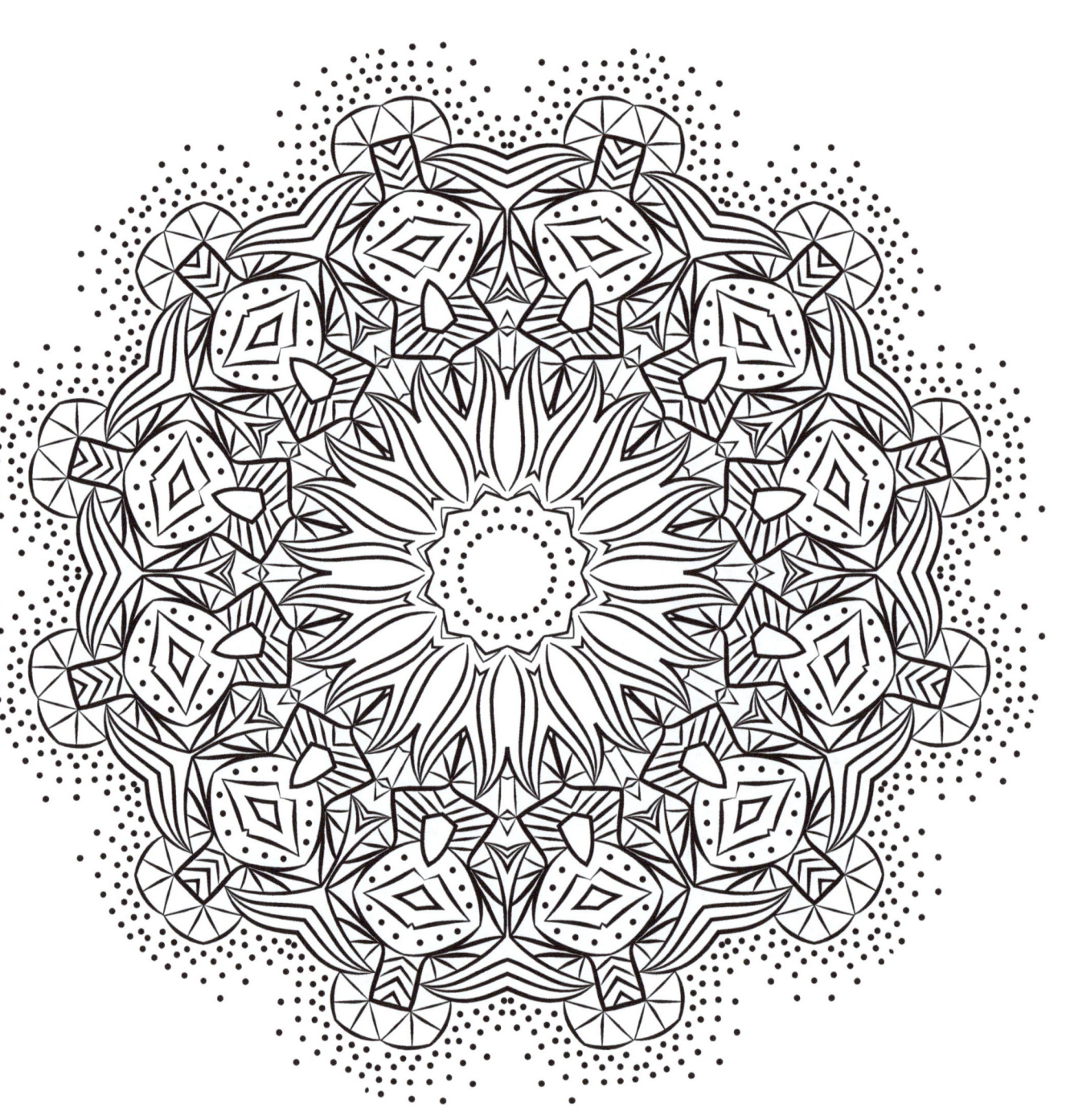

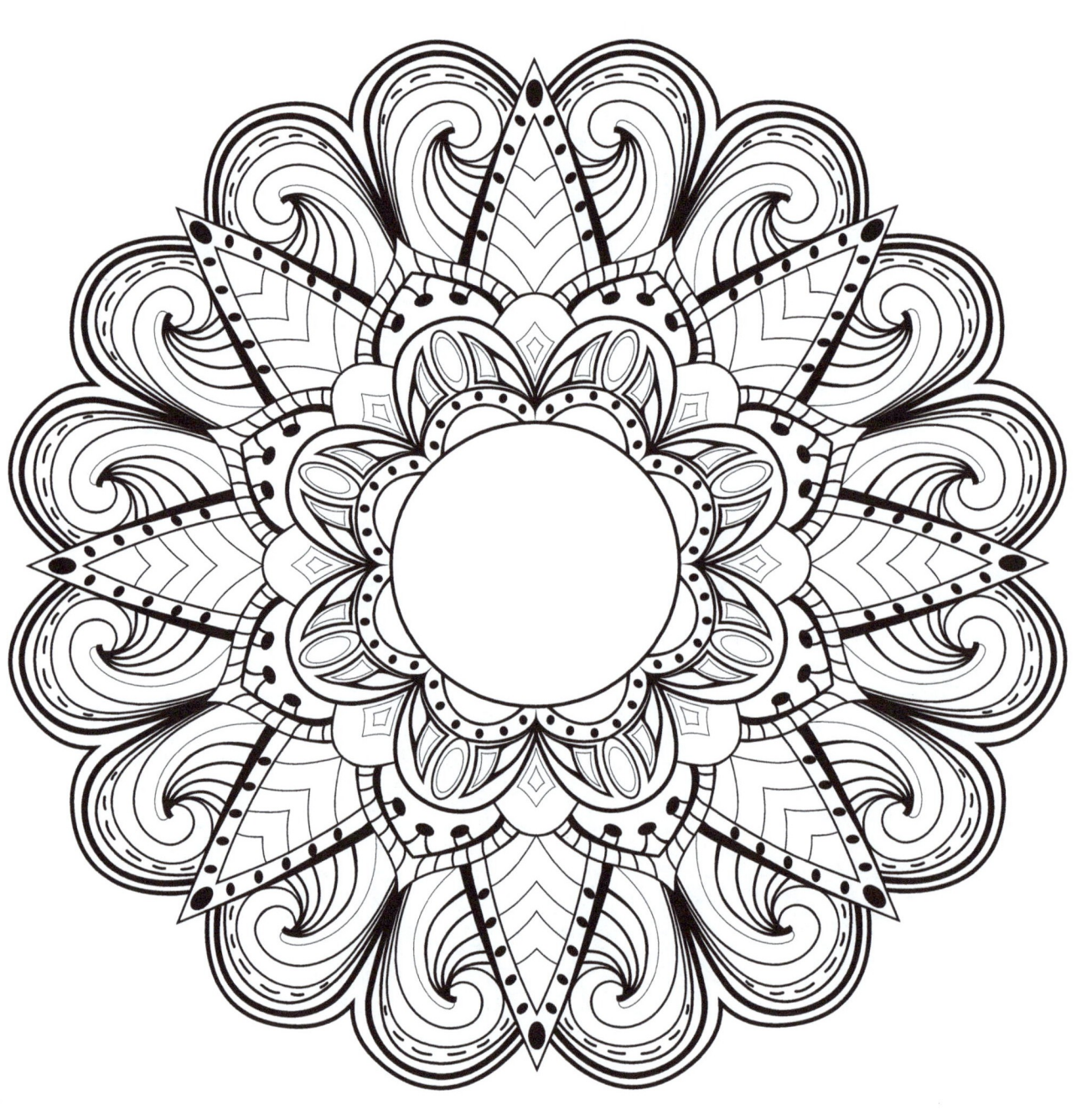